Vom Lebensbaum zum Kreuz

Marcel Messing

Vom Lebensbaum zum Kreuz

Ein neuer Schlüssel
zu den Geheimnissen
uralter Symbole

Aus dem Niederländischen
von Eva Thielen

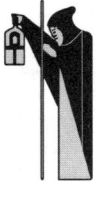

Ansata

Die Originalausgabe erschien 1994 unter dem Titel
«Van levensboom tot kruis» bei Uitgeverij Ankh-Hermes bv,
Deventer, Niederlande.

Inhalt

An der Wurzel

«Einige Aspekte des Baumes als Symbol von Leben und Tod. Eine vergleichende Studie» lautete der Titel der Dissertation, mit der ich 1975 mein Studium der Theologie beendete.

Das letzte Kapitel trug die Überschrift «Das Kreuz in Beziehung zum Lebensbaum». Ein Jahr danach konnte ich über dieses Thema einen Artikel in der niederländischen Zeitschrift *Intermediair* (November 1976) veröffentlichen, und wiederum ein Jahr später erschien mein erstes Buch «Symbolik, Schlüssel zur Selbsterkenntnis». Meine schriftstellerische Laufbahn hatte begonnen.

Das Thema des Baumes als Symbol des Universums und des Menschen hat mich seitdem nicht mehr losgelassen. Immer wieder tauchte dieser Archetypus in meinem Bewußtsein auf. Wie ein junger Faust vertiefte ich mich in die unterschiedlichsten Wissenschaften. Mein besonderes Interesse galt den esoterischen Bereichen, die von der verborgenen inneren Seite der Dinge erzählen: Hermetik, gnostische Texte, mystische Erfahrungsberichte, Kabbala, Theosophie, Anthroposophie, Rosenkreuzerschriften, Gralsliteratur und Freimaurertum. Mein Wissen wurde aber auch bereichert durch Elemente der Kulturanthropologie, der vergleichenden Theologie, der Philosophie und Psychologie, der Malerei, der Dichtkunst und der Literatur. Erst später erkannte ich, daß all dieses Wissen, wie tiefgehend es auch gewesen sein mag, nur der Schatten des Baumes war.

«Da steh ich nun, ich armer Tor, und bin so klug als wie zuvor!» seufzte ich in Anlehnung an Faust, nachdem ich Tausende von Folianten, Faksimiles, Handschriften und Inkunabeln studiert hatte. Im Laufe der Jahre hatte ich eine geradezu erdrückende Fülle von Materialien zusammengetragen. Mein Geist hatte so viele Informationen aufgenommen, daß ich den Wald vor lauter Bäumen nicht mehr sehen konnte und über die Späne des eigenen Wissens stolperte.

Es war der Baum selbst, der mir die tiefe Erkenntnis schenkte, daß mein Studium und meine Forschung Früchte des Baumes der Erkenntnis von Gut und Böse waren, die bewirkten, daß ich mich in der Fülle der Dinge verlor und mich Schritt für Schritt von der absoluten Einheit des Lebensbaumes entfernte.

Schon mehrmals hatte die Natur mir mystische Erfahrungen geschenkt, die mich vollkommen veränderten: als Kind, ausgestreckt in der blühenden Heide liegend, mit einer Schar kreischender Lachmöwen über mir; bei Spaziergängen auf Schlängelwegen; an einem Moorsee mit wiegendem Schilfrohr und säuselndem Helmgras; an einem einsamen Strand, wo die gewaltigen Wellen meine Seele in eine endlose Tiefe führten... Doch auch in der Großstadt, bei einer Tasse Tee, hatte mich das Universum schon einmal in einer Weise überrumpelt, die sämtliches Bücherwissen zu Brennholz werden ließ.

Ohne dieses Brennholz aber läßt sich das göttliche Feuer nicht entfachen. Tausende von Büchern, Dokumenten und Handschriften können den Nährboden bilden, aus dem der Samen des inneren Lebensbaumes irgendwann einmal zu dem wirklichen Licht emporwächst. Aber es ist immer wieder das Leben selbst, das uns zu den Wurzeln unserer Existenz hinführt, zu der unermeßlichen Krone des geistigen Universums, die weder Anfang noch Ende kennt. Dann ist oben gleich unten, die Wurzel ist zugleich die Krone, die Rinde ist der Kern, und die Blüten sind die Früchte.

«Es irrt der Mensch, solang er strebt», heißt es in Goethes *Faust* («Prolog im Himmel»). Das Symbol des Baumes läßt sich nicht mit den Mitteln der Vernunft erfassen. Der lebendige Baum in der Natur verlangt nach Ehrfurcht, Bescheidenheit, Zärtlichkeit, Intuition und nach einer abwartenden, geduldigen Haltung. Der Baum selbst hat mir sein Geheimnis mitgeteilt. Dennoch hatte ich nicht das Gefühl, es «erfaßt» zu haben.

Eines Tages ließ ich mich wieder unter der großen Buche nieder, die im Wald auf einem hohen Berg unweit unseres Hauses in den französischen Pyrenäen steht. Mit kerzengeradem Rücken lehnte ich mich gegen «meine» Buche. Das Rauschen des Baches ergriff Besitz von meinem Geist. Kuca, unser tibetischer Hund, kam ebenfalls zur Ruhe, nachdem er vor Freude einige Male um den Baum herumgerannt war. Immer, wenn er in der Nähe dieser gewaltigen Buche ist, erfüllt ihn die Energie, die in reichem Maße von dem Baum ausgeht, und er muß ihn als Reaktion darauf mehrmals umkreisen. Vielleicht bringt er so seine Ehrerbietung für dieses schöne Wesen zum Ausdruck.

Tausende von Blättern säuseln im Wind. Ein Vogel singt sein Frühlingslied. Der Gebirgsbach dehnt sich aus. Er ist nicht länger ein Silberfaden in einem Flußbett. Der Baum dehnt sich aus. Er hat keinen Stamm mehr, der von Zeit und Raum begrenzt wird. Aus dem Tal steigt zarter Nebel auf, der mich mitführt zu einem zeitlosen «Im Anfang», zu einem «Im Anfang» vor der Zeit, zu einem «Im Anfang», das in sich selbst ohne Anfang ist. Die Erfahrung war endlos. Jedes Blatt meines Lebensbaumes flüsterte das Geheimnis. Die königliche Buche verwandelte sich in einen Orakelbaum, in einen kosmischen, paradiesischen Baum.

«Ich» war der rauschende Bach, der Baum, der Nebel, die säuselnden Blätter, die Luft, die weiche Erde, der Hund, der Vogel, das All. Ein Baum im Baum im Baum. Das gesamte Universum, alle Gestaltungen waren Baum. Ein einziger kosmischer Lebensbaum, der eine gewaltige, unsichtbare, alles durchdringende und alles umfassende Energie verströmt. Sein grenzenloses Bewußtsein offenbart sich überall in zahllosen Formen der Veränderung. Die Wurzeln sind wurzellos, die Krone ist unermeßlich. Es gibt weder oben noch unten, weder links noch rechts, weder außen noch innen. Ich umarmte den Baum, verbeugte mich vor ihm. Ich umarmte das Selbst, mich selbst. Ich verbeugte mich vor dem Selbst. Das Selbst verbeugte sich vor dem Selbst. Und ich begriff für immer, ohne daß mein Verstand daran beteiligt war, daß wir selbst der Lebensbaum sind. Wir selbst sind das All.

Alle Gestaltungen werden vom Einen bewegt. Alle Formen sind *sein* Körper. Wer sich vom Lebensbaum entfernt, entfernt sich von der Erfahrung des Selbst, läuft in die Falle der Gegensätze und ißt vom Baum der Erkenntnis. In Wirklichkeit gibt es nur ein einziges Leben, einen einzigen Baum. Wer in seinem Bewußtsein das Leben spaltet und sich mit den Umrissen seines Körpers identifiziert, ruft aus dem Meer des Unbewußten den gewaltigen Archetypus des Kreuzes hervor. Des Kreuzes, das die Kreuzigung all dessen symbolisiert, was wir, eingesperrt in der Zwangsjacke des Ich, zu sein glauben.

So vertreibt der Mensch sich immer wieder aufs neue aus dem Paradies, aus dem Garten Eden, aus dem göttlichen Zustand des Bewußtseins, aus dem Garten, in dem die Nachtigall der Seele das unergründliche Lied der Liebe singt. Weil der Mensch in seiner Unwissenheit von der Frucht der Begierde kostet, setzt er das Rad der Gegensätze, das Rad von Geburt, Krankheit, Leiden, Tod und Wiedergeburt, immer aufs neue in Bewegung. Aber auch das ist im Einen enthalten. Auch das wird von der Weisheit des einen Lebensbaumes verhüllt. Die Zweiheit ist im Baum der Einheit, in der vollkommenen Harmonie verborgen. Erst wenn der Schauspieler «Ich» diese Harmonie mit einem einzigen Hieb des Schwertes der Begierde zertrümmert, stellt sich ihm das Schwert des göttlichen Wortes und der Erkenntnis in den Weg und hindert ihn daran, im paradiesischen Garten Gottes, im göttlichen, universellen Bewußtsein zu wandeln.

So muß der Mensch das Tor der Unwissenheit durchschreiten und auf den verschlungenen Pfaden der Welt sämtliche Zweiheit kennen und erfahren lernen, um schließlich – erschöpft vom eigenen Wissen – für immer zur Einheit in der Fülle, zum «grundlosen» Seinszustand zurückzukehren.

In der höchsten Weisheit ist alles begründet. Auch diese Erfahrung hat mir die Buche geschenkt. Die Erfahrung, die mir unter der Buche zuteil wurde, habe ich in dem nachfolgenden Gedicht «O heiliger Lebensbaum» zum Ausdruck gebracht. Ich wählte die Form des Gedichtes, da ich meine, daß die Dichtkunst die schönste Frucht am Baum der Literatur ist, auch wenn in diesem Eisernen Zeitalter nicht jeder ein Auge dafür hat.

Wir können nur hoffen, daß das ewige Wort, das unaufhörlich klingende Aum und Amen, immer durch den Baum der Erkenntnis hindurchschwingen wird. An den Wurzeln des Baumes, die meine Wurzeln, die unsere Wurzeln, die die Wurzeln alles Seienden sind, wurde etwas geboren, das noch wachsen muß. Alles ist schon da. Und dennoch existiert Wachstum. Das Dasein ist vollkommen. Und dennoch existiert Unvollkommenheit. Ruhe und Bewegung sind Liebende. Wo ein Ende ist, ist ein Anfang. Wo ein Anfang ist, ist ein Ende. Der Lebensbaum aber kennt weder Anfang noch Ende, weder Geburt noch Tod.

Dem einen Lebensbaum, dem Leben selbst, das zugleich Geheimnis und Offenbarung ist, widme ich dieses Buch. Unsere Sinne werden dieses gewaltige Symbol niemals in seiner ganzen Bedeutung erfassen können, es sei denn, sie kommen gänzlich zur Ruhe, so daß vielleicht ein offenes Ohr für das namenlose Sprechen, für das stille Flüstern des Wortes entsteht.

Ich wünsche mir, daß dieses Buch viele Leser findet. Ich wünsche mir, daß es in die Hände von Esoterikern, Theologen, Philosophen, Künstlern, Ökologen, Biologen, Wanderern und Dendrologen gelangt. Ganz besonders wünsche ich mir, daß es seinen Weg zu Ärzten, Psychologen und Therapeuten findet, die täglich Kontakt zum menschlichen Lebensbaum aufnehmen.

O heiliger Lebensbaum

O heiliger Lebensbaum,
in dessen ewiger Mitte ich aufrecht stehe.
Deine Wurzeln finden kein Ende,
denn der Boden, in dem du gedeihst, ist endlos.
Deine Zweige stoßen an keine himmlischen Grenzen,
denn die Himmel, zu denen du dich erhebst,
sind grenzenlos.

O heiliger Lebensbaum,
in dem Anfang und Endzeit
zu Zeitlosigkeit verschmelzen.
Dein Stamm kennt keinen Jahresring,
deine Blüte keine Jahreszeit,
Gut und Böse sind in dir vereint.

O heiliger Lebensbaum,
in dem sich die Verheißung endloser Freude
bereits erfüllt hat.
Deine Blätter flüstern das ergrünende Geheimnis,
deine Zweige spielen mit dem Spiel der Erscheinungen.
Dein Umfang ist gleich deiner Höhe,
deine Höhe ist gleich deiner unergründlichen Tiefe.

O heiliger Lebensbaum,
in dessen ewiger Mitte ich aufrecht stehe.
An deinen Wurzeln finde ich die unsterbliche
    Lebensquelle.
In deinen Zweigen reiche ich in endlose Fernen.
In deinen Blättern zittre ich vor ungekanntem Glück.
In deiner Lebenskraft atme ich das Universum.
In deiner Schönheit erblicke ich die göttliche Harmonie.
In deinen Früchten schmecke ich den süßen Nektar
    des Seins.
In deinen Blüten rieche ich den heiligen Duft des Lebens.
Unsterblich stehst du in meiner Mitte.
Eine feste Säule aus Sonnengold,
fleischgewordenes Wort des Ungesehenen.
Ohne Anfang und ohne Ende
erblüht deine Liebe, die ich selbstlos bin.

I

Im Garten Eden

Der Baum des Lebens und der Baum der Erkenntnis von Gut und Böse

Dann legte Gott, der Herr, in Eden, im Osten, einen Garten an und setzte dorthin den Menschen, den er geformt hatte. Gott, der Herr, ließ aus dem Ackerboden allerlei Bäume wachsen, verlockend anzusehen und mit köstlichen Früchten, in der Mitte des Gartens aber den Baum des Lebens und den Baum der Erkenntnis von Gut und Böse. [...]

Gott, der Herr, nahm also den Menschen und setzte ihn in den Garten von Eden, damit er ihn bebaue und hüte. Dann gebot Gott, der Herr, dem Menschen: «Von allen Bäumen des Gartens darfst du essen, doch vom Baum der Erkenntnis von Gut und Böse darfst du nicht essen; denn sobald du davon ißt, wirst du sterben.»

Dann sprach Gott, der Herr: «Es ist nicht gut, daß der Mensch allein bleibt. Ich will ihm eine Hilfe machen, die ihm entspricht.»

Gott, der Herr, formte aus dem Ackerboden alle Tiere des Feldes und alle Vögel des Himmels und führte sie dem Menschen zu, um zu sehen, wie er sie benennen würde. Und wie der Mensch jedes lebendige Wesen benannte, so sollte es heißen. Der Mensch gab Namen allem Vieh, den Vögeln des Himmels und allen Tieren des Feldes. Aber eine Hilfe, die dem Menschen entsprach, fand er nicht.

Da ließ Gott, der Herr, einen tiefen Schlaf auf den

Menschen fallen, so daß er einschlief, nahm eine seiner Rippen und verschloß ihre Stelle mit Fleisch. Gott, der Herr, baute aus der Rippe, die er vom Menschen genommen hatte, eine Frau und führte sie dem Menschen zu. Und der Mensch sprach: «Das endlich ist Bein von meinem Bein und Fleisch von meinem Fleisch. Frau soll sie heißen, denn vom Mann ist sie genommen.»
Darum verläßt der Mann Vater und Mutter und bindet sich an seine Frau, und sie werden *ein* Fleisch. Beide, Adam und seine Frau, waren nackt, aber sie schämten sich nicht voreinander.

Genesis 2,8–25

Die Geschichte vom Garten Eden ist ein Mythos, eine überlieferte Erzählung, in deren Mittelpunkt Götter und Menschen stehen. Sie enthält tiefe Weisheiten, die zu den Tempelmysterien gehören.

In der Antike vermittelten die Eingeweihten ihr esoterisches (inneres) Wissen durch Mythen, Erzählungen oder Märchen. Nur wer eine bestimmte geistige Reife erreicht hatte, wurde in die Mysterien, in die Geheimnisse des Lebens, eingeweiht. Ihm wurde die innere Bedeutung der Geschichte offenbart, und er konnte zu der tieferen Bedeutung der Symbolik vordringen. Jede Kultur hatte ihre Mysterien, die von großen Eingeweihten überliefert wurden. In Ägypten waren es die Osiris- und Isismysterien, in Assyrien die Adonismysterien. Griechenland kannte die Eleusinischen und Orphischen Mysterien. Im Römischen Reich wurden die aus Persien stammenden

Abb. 1   Rituelles Besprengen des Lebensbaumes durch König
Assurnasirpal II. und seinen Vizekönig (Alabasterrelief aus
Nimrud, Neuassyrisches Reich, 9. Jahrhundert v. Chr.)

Mithrasmysterien überliefert, bei den Kelten waren es die
Mysterien der Druiden, und die Germanen schließlich
kannten die Odinmysterien. Die Symbolik des Baumes
nahm in allen Mysterien eine bedeutende Stellung ein
(Abb. 1 und 2).

Zur Beschreibung der alten Weisheit bediente man sich
einer bildhaften Sprache, deren Symbole hauptsächlich

20

Abb. 2   Geburt des griechischen Vegetationsgottes Adonis aus
dem Myrrhebaum (Majolikaschale, Urbino, 16. Jahrhundert).
Die griechischen Adonis- oder Attismysterien stammen
aus dem alten Assyrien

den Bereichen «Natur» und «Kosmos» entstammten. Die
Sonne, der Mond, die Sterne, der Baum, der Felsen, der
Berg, die Muttergöttin, der Fluß, das Meer und die
Schlange sind bekannte Archetypen (Urbilder).

Der Lebensbaum und der kosmische Baum begegnen uns in den Mysterienweisheiten aller Kulturen. Die Erzählung vom Garten Eden ist die Frucht der Mysterienweisheit semitischer Volksstämme, zu denen das jüdische Volk gehört. Wer diese Geschichte wörtlich nimmt, bringt sich in große Schwierigkeiten und läßt die verschleierte Weisheit zu Stein werden. Schon der griechische Kirchenvater Origenes (ca. 185–254) wies darauf hin, daß der Baum des Lebens und der Baum der Erkenntnis von Gut und Böse allegorisch zu verstehen sind. Der Garten Eden mit dem Baum des Lebens und dem Baum der Erkenntnis darf nicht außerhalb von uns selbst, «irgendwo im Osten», gesucht werden, sondern muß in uns selbst, «im inneren Osten», aufgespürt werden. In unserem Bewußtsein scheint die Sonne der Weisheit, solange wir die Frucht der Weisheit nicht gegen die Frucht der Erkenntnis von Gut und Böse eintauschen. Denn dann verwandelt sich der göttliche Garten, das göttliche, allumfassende und allgegenwärtige Bewußtsein in eine Wüste, in der alles Leben verdorrt. Jedes Theologisieren oder Philosophieren über die Frage, ob der Garten Eden tatsächlich im Mittleren Osten anzusiedeln ist, bedeutet eine Entfernung vom inneren Garten Eden, der alles enthält. Keine wissenschaftliche Expedition, auch wenn sie noch so gut ausgerüstet ist, wird die Spuren dieses göttlichen Gartens entdecken. Keine Karawane, auch wenn sie noch so starke Kamele mit sich führt, wird diesen Garten jemals erreichen. Keinem modernen Archäologen, auch wenn er über hochmoderne Technik verfügt, wird es gelingen, diesen Ort zu rekonstruieren. Entdecken wird man nur die Sphinx der Unwissenheit, die sich erst dann in den Abgrund des Unbewußten stürzt, wenn wir uns selbst kennengelernt haben. Nicht umsonst wird die griechische Sphinx mit dem Kopf einer Frau, mit dem Körper eines Löwen, mit dem Schwanz eines Stieres und mit den Flügeln eines Adlers dargestellt. Der Mensch kann sich erst dann von seiner Tiernatur (Löwe und Stier) lösen und zu höheren Sphären (Adler) emporsteigen, wenn er seine eigene dunkle Seite, das «ewig Weibliche» (Frauenkopf), kennengelernt hat.

Das Urdrama des Menschen besteht darin, daß die Hand der Begierde, die von einem vor Wünschen überquellenden Geist gesteuert wird, immer ein wenig weiter reicht als die momentane geistige Entwicklungsstufe des Menschen. Dadurch werden immer wieder aufs neue die herben, unreifen Früchte eines disharmonischen Lebens gepflückt. Dem begierigen Auge erscheinen manche Früchte zuckersüß, bis die Zunge ihren bitteren Geschmack kostet.

Die Urspannung

Es besteht eine Urspannung zwischen Werden und Sein, zwischen Schöpfung und Geschöpf, zwischen dem Baum der Erkenntnis von Gut und Böse und dem Baum des Lebens. Solange die Hand der Begierde diese Urspannung nicht zerstört, wird im Bewußtsein alles als Einheit erfahren und alle Gegensätze befinden sich in vollkommener Harmonie.

Der Titan Prometheus mit seinem raschen, vorausdenkenden Geist, der mit Hilfe eines «ausgehöhlten Stengels» das Feuer der Götter für die Menschen entwendet, wird von seinem Bruder Epimetheus, dem etwas Trägeren, Bedächtigeren, korrigiert. (Prometheus bedeutet im Griechischen «Vorbedacht», Epimetheus «Nachbedacht».) Epimetheus konfrontiert Prometheus, und damit die gesamte Menschheit, mit den herben Früchten aus der Büchse der Pandora. Trotz der Warnungen des Prometheus erliegt Epimetheus dem Charme der Pandora und nimmt sie zur Frau. Prometheus wird für seinen Übermut an einen Felsen im Kaukasus geschmiedet, wo ein Adler Tag für Tag von seiner Leber frißt, die dem Gefesselten über Nacht wieder nachwächst.

Wer den Rhythmus und das Metrum des Lebens verletzt, wer die menschliche Evolution zu früh, ohne die schauende Erkenntnis, zur Unsterblichkeit führen will, wird die versteinernde Wirkung (Felsen) des Lebens erfahren. Der Adler des Geistes wird sich weigern, zu noch höheren Dimensionen emporzusteigen. Statt dessen wird er sich wie ein raubgieriger Vogel gegen den Menschen wenden und mit seinem scharfen Schnabel die unaufhörlich nachwachsende Leber (die immer wieder aufblühende Knospe neuen göttlichen Lebens) heraushacken. Wer einen Teil des Lebens rauben will, wird bemerken, daß das Leben ihm immer alles gibt. (Pandora ist die griechische Bezeichnung für die «Allgebende».) Alles ist miteinander verknüpft. Wird aus dem Ganzen auch nur ein kleines Teilchen entfernt, zieht dies eine Reaktion des Ganzen nach sich. Pandora wurde auf Befehl des Zeus von Hephaistos als Frau für Epimetheus geschaffen. Sie symbolisiert die weibliche Seite des Menschen, die dunkle, unbekannte Frau, das ewig Weibliche, das uns in das wirkliche Leben einweiht, indem es uns neugierig in die Büchse schauen läßt, nachdem Prometheus das Feuer gestohlen hat. Die Rache, die Zeus durch Pandora an Prometheus übt, ist nur das Inkrafttreten eines Naturgesetzes, die Kettenreaktion des Ganzen. Zeus symbolisiert das Licht des inneren Olymps, das gleißende Licht des menschlichen Bewußtseins.

Solange Vorausdenken und Besinnung, Denken und Kontemplation (Prometheus und Epimetheus) im Gleichgewicht sind, bleibt die Büchse der Pandora geschlossen und die negative Kraft der Schöpfung offenbart sich nicht. Wird diese Urpolarität jedoch zerstört, folgt die «Strafe», die Reaktion der Natur als Ganzheit. Das Böse offenbart sich, und der Mensch wird mit dem Phänomen der Gegensätze konfrontiert. Wer mit der Hand der Begierde nach dem Mysterium des Lebens greift, ohne daß er das Leben in seiner Gesamtheit kennt, zerstört die Urspannung der Gegensätze und öffnet die Büchse der Pandora, aus der dann Katastrophen, Krankheiten, Leid und Tod entweichen. Doch zum Glück erzählt der Mythos auch, daß sich auf dem Boden der Büchse der Pandora die Hoffnung befindet.

Ikarus, der Italien durch die Luft erreichen will, stürzt ins Meer, weil er den Rat seines Vaters Dädalus in den Wind geschlagen hat. Dieser hatte ihn davor gewarnt, zu hoch oder zu niedrig zu fliegen. Ikarus fliegt dennoch zu hoch und zerstört damit das Gleichgewicht. Er mißachtet den Weg der Mitte und stürzt ins Meer des eigenen Unbewußten. Auf diese Weise lernt er gezwungenermaßen die verborgenen Kräfte des Alls kennen. Seine Flügel waren mit Bienenwachs am Körper befestigt; ein Umstand, der Vorsicht erfordert und gewiß keinen Übermut duldet. Fliegt man nur einen einzigen Flügelschlag zu hoch, ist man schon um eine Illusion ärmer. Das Leben bittet den Menschen darum, das Gleichgewicht der Schöpfung zu bewahren und die den Geschöpfen inhärente Urharmonie nicht zu zerstören. Diese Bitte kommt im Mythos in der Warnung, im Verbot, im Gebot, im Tabu, im «Tu dies nicht!» und im «Laß das!» zum Ausdruck. Aus diesem Grund wird es dem Menschen in Genesis 2,17, unter Androhung des Todes auch verboten, vom Baum der Erkenntnis von Gut und Böse zu essen. Wer das Tabu nicht beachtet, bekommt unverzüglich die Folgen zu spüren. Wer im Wald unvorsichtig mit Feuer umgeht, verursacht nicht bloß einen Waldbrand. Das alles verzehrende Feuer wird auch zahllose Pflanzen, Tiere und Bäume vernichten, womöglich Häuser oder ganze Dörfer bedrohen, und der schwarze Rauch wird die Luft vergiften, wodurch das Gleichgewicht zwischen Himmel und Erde, die Urharmonie, vorübergehend gestört wird.

Von dieser Urharmonie, die auch im menschlichen Bewußtsein vorhanden ist, erzählt die Geschichte des Garten Eden. Friedrich Weinreb zieht in seinem Buch «Die Bibel als Schöpfung» die Schlußfolgerung, daß die scheinbar simple Paradieserzählung eine perfekte Zahlenharmonie enthält, die er dem Wissen der Eingeweihten zuschreibt. Doch die Paradieserzählung enthält nicht nur das Wissen der Eingeweihten, sondern berichtet auch von der dramatischen Einweihung des Menschen in die Erkenntnis von Gut und Böse. So wird die Urspannung zerstört, und die Disharmonie offenbart sich auf allen Ebenen des Lebens. Nähern wir uns aber zunächst dem Baum des Lebens, dessen Geheimnis auf uns, ebenso wie das «Im Anfang», eine niemals nachlassende Anziehungskraft ausübt.

Das Geheimnis des Baumes des Lebens

In der Mitte des Gartens Eden stehen der Baum des Lebens und der Baum der Erkenntnis von Gut und Böse. Sie bilden ein Ganzes, einen einzigen Baum. In der Mitte, am Nabel der Welt, ist kein Platz für zwei Bäume. Im Garten Eden steht in der Mitte eigentlich nur ein Baum mit zwei unterschiedlichen Seiten. Solange Gut und Böse in einer Urspannung miteinander vereint sind, stellt sich uns der Baum in der Mitte als Lebensbaum, als Baum der Unsterblichkeit und des Glücks dar. Doch sobald die Urspannung zerstört wird, nimmt der Lebensbaum (das Leben selbst) sofort die Gestalt des Baumes der Erkenntnis von Gut und Böse an. Diese beiden Aspekte symbolisieren die beiden Wege, zwischen denen sich der Mensch entscheiden muß: den inneren, kurzen, «paradiesischen» Weg, der zum absoluten Glück, zur Einheit, zur Gottesverwirklichung und Unsterblichkeit führt (der Lebensbaum), und den langen, sich in Zeit und Raum entwickelnden Weg, der die bittere Erfahrung des Kräftespiels der Gegensätze lehrt und der einhergeht mit dem In-Bewegung-Setzen des Rades von Geburt, Krankheit, Leid, Tod und Wiedergeburt (der Baum der Erkenntnis von Gut und Böse), kurz, dem Gang des Menschen durch die Wüste. Die enge Verknüpfung von Baum und Samen in der Mystik des Islam hat Muhyîuddîn Ibn 'Arabi in seinem Werk *Shajarat al-kaun* (Der Baum der Welt) beschrieben. Der Samen symbolisiert die

28

Möglichkeiten, der Baum die vollkommene Entfaltung des universellen Menschen. Die Wurzel des Wortes «Samen» lautet im Arabischen «H.B.B.» (*habb*), was soviel bedeutet wie «lieben» oder «sehr mögen». Das Substantiv dazu ist *hubb* oder *hibb* (Liebe). Nach Ibn 'Arabi offenbart der universelle Baum des Lebens alle Möglichkeiten der Schöpfung, in denen Allah sich ausdrückt. Der Samen enthält die ursprüngliche Liebe des Baumes der Liebe. «Die Hand des Einen hat mich in den Garten der Ewigkeit gepflanzt», sagt Ibn 'Arabi in seinem mystischen Buch *Risâlat al-Ittihad al-Kawni* (Das Buch des Baumes und der vier Vögel). Er beschreibt darin den Stamm des Baumes als göttlichen Vermittler zwischen dem Geschaffenen und dem Ungeschaffenen. Die Wurzeln und die Zweige symbolisieren die niederen und die höheren Welten, die Blätter verkörpern den Zustand im Paradies, und die Früchte sind Allegorien für die Erkenntnisse, die mit jeder Daseinswelt verbunden sind.

Der arabische Begriff für «Baum» lautet *shajara*. Die Wurzel dieses Wortes «SH.J.R.» bezeichnet auch die Vorstellung von Vielfalt, Unterschied, des Gegensätzlichen. Der universelle Baum Allahs ist zugleich der Baum der Vielfalt. Und von diesem Baum, so Ibn 'Arabi, kostete Adam (der Mensch) die Früchte (vgl. Koran, Sure 2,35). Im Koran vergleicht Allah ein «gutes Wort» mit einem «guten Baum, dessen Wurzel fest ist und dessen Zweige in den Himmel reichen» (Sure 14,25). Ein «schlechtes Wort» hingegen sei wie «ein schlechter Baum, der aus der Erde entwurzelt ist und keine Festigkeit hat» (Sure 14,27).

Allahs universeller Baum ist das Prinzip der Einheit, das zugleich das Fundament der Schöpfung, nämlich Mannigfaltigkeit und Dualität, enthält.

Ein babylonischer Schöpfungsmythos erzählt davon, daß an der östlichen Schwelle zum Himmel zwei Bäume stehen: der Baum der Wahrheit (der Baum der Erkenntnis von Gut und Böse) und der Baum des Lebens. Die Bäume bilden jedoch eine Einheit. In Hawaii werden der Baum des ewigen Lebens und der Baum, der das Wissen vom Tode vermittelt, in einem einzigen Baum dargestellt. In der indischen und javanischen Mythologie stellt der Kalpataru, der wunscherfüllende Baum, sowohl den Baum des Lebens als auch den Baum des Todes dar. Abbildungen des Kalpataru findet man am Borobudur und auf javanischen Wajangrequisiten.

Der Lebensbaum, so lehrt uns die Mysteriensprache, befindet sich im menschlichen Körper, der in Genesis 2,8, als «Garten Eden» bezeichnet wird. Der menschliche Lebensbaum ist eine Widerspiegelung des kosmischen Lebensbaumes, des Makrokosmos. Die großen Eingeweihten, die das geheime Wissen der Mysterien weitergaben, verfügten über weitreichende Kenntnisse des menschlichen Körpers. Sie betrachteten diesen als einen Mikrokosmos. Ihr diesbezügliches Wissen, das sie durch göttliche Erkenntnisse und hellseherische Fähigkeiten erworben hatten, kleideten sie in Symbole und Allegorien. Viele der heutigen medizinischen Begriffe, die sich auf den Körper beziehen, stammen noch aus der Zeit der Tempelmysterien. Bekannt wurde die Tempelheilkunst des Asklepios in Epidauros, nach dem der Äskulapstab (auch heute noch Sinnbild der Medizin) benannt wurde, den ursprünglich zwei Schlangen umwanden. In alten Überlieferungen heißt es, die Tempelpriester hätten die Kranken mit Hilfe von zwei «Schlangen» geheilt. Das Wissen der einen Schlange ging verloren: das Wissen vom menschlichen Lebensbaum. Dadurch verwandelte sich die ganzheitliche Heilkunst allmählich in die «halbe Kunst» der Schulmedizin.

Im Körper des Menschen wächst also der Lebensbaum, gespeist vom «Fluß des Lebens», der sich auf seinem Weg durch den Körper, der die Form eines Kreuzes hat, viermal verzweigt. Der Aufbau und die Funktion des menschlichen Lebensbaumes müssen umfassend verstanden sein, ehe der zweite Aspekt, die Erkenntnis von Gut und Böse und das damit verbundene Urdrama des menschlichen Sündenfalls, ergründet werden kann.

Schauen wir uns den Lebensbaum einmal in all seinen Einzelheiten an. Zuerst den Stamm, dann die Krone, danach die Zweige und die in der Erde verborgenen Wurzeln und zum Schluß die Früchte, die nicht nur in der Krone hängen, sondern sich im gesamten menschlichen Lebensbaum befinden.

Der Stamm

Den Stamm des Lebensbaumes bildet die Wirbelsäule, die aus dreiunddreißig harten Wirbeln mit dazwischenliegenden weniger harten Zwischenwirbelscheiben («Bandscheiben») besteht. Die Wirbelsäule, in der sich der Wirbelkanal mit dem Rückenmark befindet, wird in der Mysteriensprache als (Lebens-)Stab, hohles Schilfrohr (wegen ihrer Biegsamkeit) oder als Weinstock (vgl. Jesus: «Ich bin der Weinstock.») bezeichnet. Die indische Philosophie spricht von Sushumnā oder Brahmadanda (der Stock des Brahmā). Wie eine sich spiralförmig aufwärts bewegende Schlange durchströmt der aus der Quelle des Lebens stammende «Fluß des Lebens», das göttliche «Feuer, das wie Wasser strömt» (die göttliche Lebensenergie), die Wirbelsäule (siehe Seite 60 ff.).

Die Stäbe von Mose und Aaron (der Stab des letzteren konnte sich in eine «Schlange» verwandeln) symbolisieren die göttliche Macht und die spirituellen Fähigkeiten der Eingeweihten. Die ägyptischen Götter, Pharaonen und Hierophanten trugen ebenfalls einen Stab. Amun-Re, der Götterkönig, trug den Lebensstab (das Zepter) und die *crux ansata* (Ansatakreuz), auch Henkelkreuz oder Ankh-Hieroglyphe genannt, das Symbol der Unsterblichkeit und der Einheit von männlicher und weiblicher Energie im menschlichen Lebensbaum (Abb. 3). Anubis, der ägyptische Totengott und Seelenbegleiter zur Unterwelt (mit dem Kopf eines Schakals, weil sich der Schakal als «Leichenaufräumer» bei den Gräbern herumtrieb), wird oft mit dem Ansatakreuz als einzigem Requisit dargestellt. Das kurze oder lange Zepter der früheren Könige ist eine Variation des Lebensstabes.

In den Dionysosmysterien trugen die Hierophanten den sogenannten Thyrosstab, einen mit Efeu oder Weinlaub umwundenen Stab aus Schilfrohr.

In der frühchristlichen Malerei wird auch Christus mit dem Lebensstab abgebildet. Manche frühchristlichen Bischöfe, die in die gnostischen Mysterien eingeweiht worden waren, trugen einen Krummstab, Symbol des menschlichen Lebensbaumes. Das obere Ende des Krummstabes bog sich spiralförmig nach innen und war mit einigen Knöpfen versehen, die auf wichtige Gehirnorgane hinwiesen.

Auch der Papst hat bei seinen öffentlichen Auftritten manchmal einen Krummstab dabei, obwohl ihm dessen ursprüngliche Bedeutung wahrscheinlich fremd ist. Sankt Nikolaus und sein Knecht Ruprecht sind ohne magischen Krummstab und Rute völlig hilflos. In der Märchenwelt begegnet uns der Lebensstab als Zauberstab oder Rute in den Händen von Zauberern, Magiern und Feen. Die Feen waren vermutlich Priesterinnen der Druiden. Sie bestimmten das Schicksal von Mensch und Tier. (Das Wort «Fee» leitet sich von dem lateinischen *fatum*, Schicksal, ab.)

In Tibet kannte man den Dorje, eine Art Zauberstab oder Zepter, dessen Form mit gewissen Energiekanälen im menschlichen Körper übereinstimmte. Der Dalai Lama verwendet den Dorje heute noch beim Kālachakra-Ritual

Abb. 3   Amun-Re mit Lebensstab und Ansatakreuz

als Symbol der geistigen Herrschaft. Der Hindu-Gott Shiva ist auf Abbildungen oft mit dem Trishula (Dreizack; vgl. Poseidon), dem Symbol des Lebensbaumes und der kosmischen Schöpfungsmacht, zu sehen. Dies sind nur einige Beispiele der zahllosen Varianten des Lebensstabes, der aus dem Holz des Lebensbaumes geschnitzt wird.

Die Krone

Die Krone des Lebensbaumes bilden Groß- und Kleinhirn, die gewissermaßen auf dem Gehirnstamm, der Fortsetzung der Wirbelsäule, ruhen. Milliarden von Gehirnzellen stellen die unzähligen Blätter dar. Die zwölfpaarigen Gehirnnerven, die unter anderem die Funktion der Sinne steuern, umwinden das Gehirn wie die Äste einer knorrigen Eiche. In der Mysteriensprache verwandeln sich diese in die Allegorien der zwölf Jünger Jesu, der zwölf Ritter der Artusrunde (König Artus war das Symbol des Lichtes) oder in die vierundzwanzig Ältesten, die den Thron Gottes umgeben (Apokalypse 4,4 und 4,10). In dem Mythos der zwölf Arbeiten des Herakles können wir in metaphorischer Sprache lesen, wie Herakles die Sinne bezwingt, wodurch er die goldenen Äpfel vom Wunderbaum im Garten der Hesperiden erwirbt, die ihm ewige Jugend schenken. Als er seine zwölf Taten erfolgreich verrichtet hat, belohnt Zeus ihn mit einem Kranz aus Eichenlaub, der die Einweihung in das Mysterium des Lichtes (in das Bewußtsein des Alls) darstellt.

Die Zweige des Lebensbaumes bilden die dreiunddreißig Paare der Spinalnerven (mit Verzweigungen), die von dem Zwischenraum zweier Wirbel zu beiden Seiten des Wirbelkanals ausgehen und über feine Nervengeflechte mit allen lebenswichtigen Körperorganen in Verbindung stehen. Die Wurzeln des Lebensbaumes enden im Bauch und in den Geschlechtsorganen, wo sich ebenfalls ein feines Geflecht von Nerven und Blutgefäßen befindet. Die Ausläufer dieser Wurzeln ziehen sich durch die Beine bis zu den Füßen.

Durch den Lebensbaum strömen unterschiedliche feinstoffliche göttliche Energien, unter anderem durch die Blutbahnen, die Nervenbahnen und Gehirnnerven, aber vor allem auch durch feinstoffliche Kanäle (in den Veden, den indischen Weisheitsschriften, Nādīs genannt), die manchmal mit den Blut- und Nervenbahnen zusammenfallen. Diese Energien werden zum einen aus dem Kosmos (aus dem kosmischen Lebensbaum) absorbiert und entstehen zum anderen durch Umwandlungsprozesse, die im Körper selbst stattfinden (durch Atmung, Nahrung und sexuelle Energie). Laut den Upanischaden (dem Schlußteil der vedischen Schriften) befinden sich im menschlichen Körper 72 000 Nādīs. Jeder Nādī hat eine Verzweigung, so daß es in Wirklichkeit 144 000 Nādīs gibt. Hundert davon sind wichtig, und von diesen hundert Nādīs sind wiederum drei von außerordentlicher Bedeutung (siehe Seite 45 f.). In der Apokalypse, einer stark metaphorischen Schrift über den menschlichen Lebensbaum, werden die feinstofflichen Kanäle «die 144 000 Gekennzeichneten» (Apokalypse 7,4) genannt. In den ägyptischen Mysterien verkörperte die Sykomore, der heilige Feigenbaum, der unmittelbar vor dem Tempel stand, den menschlichen Lebensbaum. In Papyrustexten ist auch von der «hohen Sykomore» die Rede, die im Osten des Himmels wuchs, wo der Paradiesfluß mit seinen vier Verzweigungen strömte. In der Krone dieser hohen Sykomore lebten die Götter und die verstorbenen (eingeweihten) Könige. Die Seelen der Seligen durften von diesem Lebensbaum essen. Mut (ägyptisch für Mutter), der weibliche Gegenpol von Amun-Re, wird oft mit dem Papyrusstab und dem Ansatakreuz abgebildet. Sie ist die Weltmutter, die allen Geschöpfen Leben spendet und von der heiligen Sykomore aus die verstorbenen Seelen mit Lebenswasser versorgt (Abb. II). Der Lebensbaum verbindet ja Leben und Tod, die schöpferische und die offenbarende Kraft, Amun-Re und Mut.

In zahllosen Mythen steht der Lebensbaum im Garten der Götter, so zum Beispiel im babylonischen *Gilgamesch-Epos* der wundervolle «Edelsteinbaum» im Garten von Siduri.

Sieben große goldene Früchte

Im Lebensbaum hängen sieben große goldene Früchte, die im *Yoga-Sūtra* und in den Upanischaden als Chakras bezeichnet werden. Über die Chakras wurde bereits viel und zum Teil auch Widersprüchliches geschrieben. Im folgenden möchte ich auf die sieben wichtigsten Chakras kurz eingehen und einen Bezug zum menschlichen Lebensbaum und zur Paradiessymbolik herstellen.

Chakras sind feinstoffliche «Räder», die sich hauptsächlich in dem den stofflichen Körper des Menschen umhüllenden feinstofflichen oder ätherischen Körper befinden. Den alten Mysterienweisheiten zufolge verfügt der Mensch seit dem Sündenfall über vier Körper, über einen stofflichen, einen ätherischen, einen astralen und einen mentalen Körper. Die Chakras bilden eine Verbindung zwischen der subtilen, feinstofflichen Energie (ätherischer, astraler und mentaler Körper) und dem grobstofflichen Körper.

Die ersten drei Körper entwickeln sich innerhalb eines Zeitraumes von dreimal sieben Jahren. Der mentale Körper beginnt erst ab dem einundzwanzigsten Lebensjahr mit der Entwicklung und gelangt bei einem geistig reifen Menschen normalerweise nach einer Periode von viermal sieben Jahren zur völligen Entfaltung, so daß ein Mensch mit neunundvierzig Jahren als geistig erwachsen bezeichnet werden kann. Bei Avatāras (göttlichen Inkarnationen) und Bodhisattvas, die bewußt in die Welt hineingeboren werden, um den Dharma, den Weg zur Befreiung, zu lehren, verläuft dieser Prozeß anders.

Leider werden die meisten Menschen nur allmählich geistig erwachsen, weil sie den Weg zur geistigen Wiedergeburt, der von den großen Eingeweihten und Lehrern auf immer andere Weise aufgezeigt wird, kaum oder überhaupt nicht kennen. Die Lehre der Wiedergeburt, meist «die Lehre der Reinkarnation» genannt, ist trostreich, weil keine Bemühung jemals verlorengeht. Übrigens sollte man besser von Wiedergeburt anstatt von Reinkarnation sprechen, da sich die Wiedergeburt auf zahllose Lebensformen bezieht, die Reinkarnation dagegen nur eine der Möglichkeiten, nämlich die menschliche Wiedergeburt, bezeichnet. Die «geistige» Wiedergeburt beendet den Zyklus der Wiedergeburten und bringt somit das Rad von Geburt, Krankheit, Leiden und Tod zum Stillstand.

Die vier Körper werden in der Mysteriensprache als «Mantel», «Gewand» oder «Kleid» des Menschen bezeichnet. Wenn sie durch die richtige Lebensweise «reingewaschen» sind, wird der Mensch von einem Strahlenkranz beziehungsweise einer Aura umgeben. Auf Ikonen werden die Heiligen oft mit ihrer Aura dargestellt.

Die Chakras verteilen die sie durchströmende kosmische Energie (Prāna) auf den stofflichen Körper, so daß der Mensch – solange er von den Früchten des Lebensbaumes ißt – mit der göttlichen Quelle vereint ist und ein gesundes und glückliches Leben führen kann. Die Energien, die von außen auf den Körper einwirken und ihn durchströmen, wirken unaufhörlich auf das hormonale und endokrine System ein.

Verborgenes Wissen

Im Abendland wurde das Wissen um die Chakras auf verschleierte Weise in die esoterischen Wissenschaften (Alchimie, Hermetik, Rosenkreuzerphilosophie, Freimaurertum, Gralsliteratur), deren Wurzeln in der östlichen Weisheit liegen, integriert. Diese Verschleierung war notwendig, weil die offizielle Kirche schon bald Besitz ergriff von den «Schlüsseln der Gnosis» (Logion 39 des Thomas-Evangeliums) und der von der Gnosis so genannten edlen Kunst der Wiedergeburt überaus feindselig gegenüberstand.

Der mittelalterliche Mystiker Meister Eckhart, dem die sieben Chakras ganz und gar fremd waren, sprach von «den sieben Graden des schauenden Lebens». Jeder Grad stimmt mit dem Erblühen eines Chakras überein. Die spanische Mystikerin Teresa von Ávila (1515–1582) verglich den menschlichen Körper mit einer «inneren Burg» mit «sieben Wohnungen», die ebenfalls sehr enge Bezüge zu den Funktionen der sieben Chakras aufweisen. Gott wohnt, so Teresa, im Zentrum, im «Kern des Herzens».

Johann Georg Gichtel (1638–1710), ein Schüler Jakob Böhmes, hat sämtliche Werke Böhmes neu herausgegeben und mit Zeichnungen und Diagrammen versehen. Auf einem dieser Diagramme, das er einem kleinen Kreis von Interessierten zeigte, werden erstmalig in der westeuropäischen esoterischen Tradition einige von.kabbalistischen

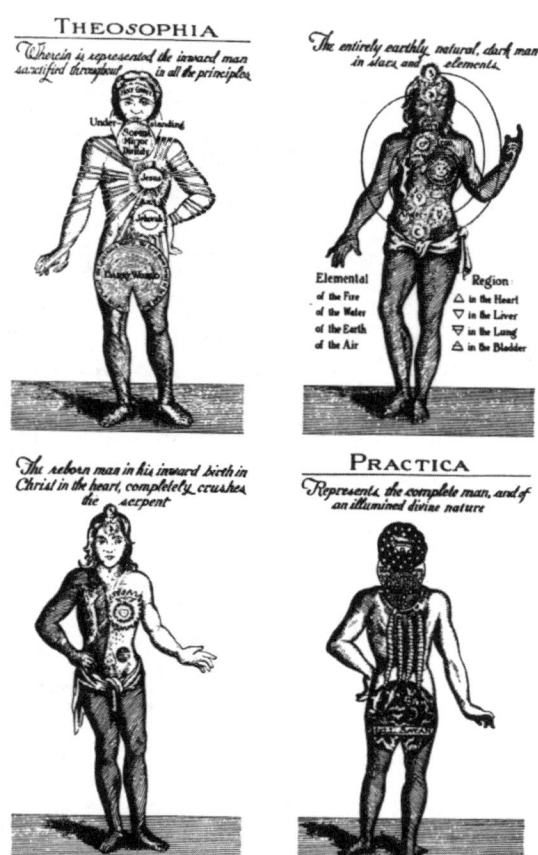

THEOSOPHIA

Wherein is represented the inward man
sanctified throughout in all the principles

Under standing
Spirit
Mercu
Sulph
Venus
Jupiter
Mars
Saturn
Luna World

The entirely earthly, natural, dark man
in stars and elements

Elemental   Region
of the Fire   △ in the Heart
of the Water   ▽ in the Liver
of the Earth   ▽ in the Lung
of the Air   △ in the Bladder

The reborn man in his inward birth in
Christ in the heart, completely crushes
the serpent

PRACTICA

Represents the complete man, and of
an illumined divine nature

Abb. 4   a: Der Mensch vor dem Sündenfall; b: Der Mensch nach
dem Sündenfall; c: Der Mensch auf dem Weg zur geistigen
Wiedergeburt; d: Der von Gott erleuchtete Mensch.
(Aus J. G. Gichtel, *Theosophia Practica*, 1736)

Motiven inspirierte Chakras im menschlichen Lebensbaum dargestellt (Abb. 4). Aus anderen Abbildungen Gich-
tels geht hervor, daß er über (freilich unvollständige)
Kenntnisse der sieben Chakras im menschlichen Körper verfügte. Wahrscheinlich wußte auch Jakob Böhme,
ein einfacher Schuster, um die Existenz der Chakras. Im-
merhin hatte er viele «gelehrte Werke» gelesen, die ihn
aber nicht alle zufriedenstellen konnten. Abraham von
Franckenberg, Biograph und Freund Böhmes, berichtet
über Böhmes Freundschaft mit Balthasar Walther, der sich
mit Kabbala, Alchimie und Magie (von Walther unter dem
Begriff «Theosophie» zusammengefaßt) auskannte. Dies
erklärt die esoterischen Gravuren des Lebensbaumes in
mehreren Schriften Jakob Böhmes (u.a. in *Die Beschreibung
der drei Prinzipien*, 1619).

Neunundvierzig Früchte

Die sieben großen goldenen Früchte im Lebensbaum stellen die sieben wichtigsten Chakras dar. Jedes große Chakra ist wiederum mit sieben kleinen Chakras verbunden, so daß im menschlichen Lebensbaum insgesamt neunundvierzig Früchte oder Chakras hängen. In den Mysterientempeln wurde der reife Kandidat in das Wissen der neunundvierzig Chakras eingeweiht. Über den Einweihungsweg versuchte man, den Neophyten vor seinem fünfzigsten Geburtstag zur Gottesverwirklichung hinzuführen. Diese Gottesverwirklichung wurde auch «geistige Wiedergeburt», «zweite Geburt» oder kurz «*die* Geburt» genannt. In der Bibel heißt es: «Du bist noch keine fünfzig Jahre alt und willst Abraham gesehen haben?» (Joh. 8,57). Der Ausdruck «Abraham gesehen» bezieht sich auf das indische Wort Brahman, den göttlichen «Ungrund» alles Seienden (vgl. das griechische Wort *pentèkostè* für Pfingsten, «den fünfzigsten Tag» nach Ostern, an dem die Apostel vom Heiligen Geist erfüllt wurden).

Der geistig wiedergeborene Mensch, ein Eingeweihter, wurde oft nach dem Namen des Mysterienbaumes benannt, der sich vor dem Tempel befand (vgl. die berühmten «Zedern Libanons» aus dem Alten Testament). Jesus zum Beispiel hatte Natanaël bereits «unter dem Feigenbaum» (dem Symbol für die Tempelmysterien) gesehen (Joh. 1,48).

In Indien vergleicht man die sieben Chakras von alters her mit Lotosblüten, die jeweils eine eigene Farbe haben. Die Anzahl der Blütenblätter stimmt mit bestimmten Qualitäten, emotionalen Neigungen und spirituellen Fähigkeiten (Siddhis) überein, auf die ich an dieser Stelle nicht näher eingehen kann. Bei einem Menschen mit einer reinen Lebensweise erwachen die spirituellen Fähigkeiten auf natürliche Art. Sie sind nur ein Zwischenstadium auf dem Weg zur Gottesverwirklichung. Im *Yoga-Sūtra* von Patañjali werden diese Siddhis ausführlich beschrieben.

Die Lotosblüten

Die vierblättrige Lotosblüte

An den Wurzeln des Lebensbaumes, dort, wo die Wirbelsäule endet und in ein Geflecht von Nerven und Blutbahnen (die Wurzeln) übergeht (zwischen den Hoden bzw. dem Gebärmutterhals und dem Anus), befindet sich die vierblättrige Lotosblüte mit den roten Blättern, das Mūlādhāra- oder Wurzel-Chakra. Die Anzahl der Blätter eines Chakras bezieht sich auf die Anzahl der Nādīs (der Energiekanäle), die sich wie die Speichen eines Rades drehen und die vier Körper mit Energien versehen.

Das Wurzel-Chakra ist schöpferischer Natur und eng mit den Geschlechtsorganen und ihrer hormonellen Wirkung, mit dem Mastdarm, dem Skelett, dem Muskelgewebe, der Haut und den Haaren verbunden. Es ist das am Kreuzbein (*os sacrum*) angrenzende Basis-Chakra, in dem der Keim von Lust und Verlangen schlummert. Die Beherrschung dieses Chakras verleiht dem Menschen die Fähigkeit zur Levitation, zum Wissen von Vergangenheit und Zukunft und zur Kontrolle über die Atmung, über das Bewußtsein und über den Samen.

Vom Wurzel-Chakra aus winden sich zwei schlangenförmige, feinstoffliche Energiekanäle (Nādīs) um die Sushumnā (den Stock Brahmās) zum Sahasrāra- oder Scheitel-Chakra hinauf. Links (vom Rücken aus gesehen) schlängelt sich die weibliche, rechts die männliche Energiebahn hinauf. In den Veden wird die weibliche Energiebahn als Idā, die männliche als Pingalā bezeichnet. Idā und Pingalā sind die beiden «Schlangen» im Lebensbaum, von denen in vielen Mythen die Rede ist. (Esoterisch gesehen können auch Adam und Eva als die beiden «Schlangen» im Lebensbaum betrachtet werden.) Zusammen mit der Sushumnā bilden sie im menschlichen Körper (der in den Upanischaden auch die «Stadt Brahmās» genannt wird) die drei wichtigsten Nādīs. Idā wird auch als der weiße Mond-Nādī und Pingalā als der rote Sonnen-Nādī umschrieben. Dies stimmt mit der alchimistischen Darstellung der Sonne und des Mondes im *arbor philosophorum* (Baum der Philosophen) überein.

Die schlangenförmigen Nādīs sind vergleichbar mit den beiden sympathischen Nervensträngen, die das Rückenmark umgeben.

Abb. 5   Der Kaduzeus oder Stab des Hermes

Der Stab des Hermes oder Kaduzeus symbolisiert die Sushumnā und die beiden Schlangen (Abb. 5). Ein weiteres, moderneres Symbol ist das Ankh-Symbol, bei dem ebenfalls zwei Schlangen einen Stab umschlingen.

Die «Köpfe» der beiden Schlangen enden im menschlichen Kopf beim Thalamus, einem besonderen Gehirnorgan, das mit den Muskelreflexen und den Gefühlswahrnehmungen in Verbindung steht. Das griechische Wort *thalamos* bedeutet «Brautgemach». Im gnostischen Evangelium nach Philippus (einem Text aus Nag Hammadi) heißt es dazu:

Im Brautgemach aber ist es, wo sich die Frau (die Seele) mit ihrem Gatten (dem Geist) vereinigt. Und wer sich im Brautgemach vereinigt, trennt sich nie mehr. Eva konnte sich von Adam trennen, da sie noch nicht mit ihm verbunden gewesen war im Brautgemach.[1]

Und in der *Abhandlung über die Seele* (einem anderen Text aus Nag Hammadi) heißt es:

Denn diese Hochzeit ist nicht wie die fleischliche Hochzeit, bei der die, die miteinander schlafen, Wollust empfinden. Und die die heilige Hochzeit vollziehen, lassen die Plage der Wollust wie eine Last hinter sich und trennen sich nie mehr voneinander. [...]
Deshalb sagte der Prophet über den ersten Mann und das erste Weib: «Sie werden ein Fleisch sein!»[2]

In den obenstehenden Zitaten geht es nicht um den körperlichen Koitus, sondern um eine geistige Hochzeit.
(Vgl. die «Chymische Hochzeit», über die die Rosenkreuzer im 16. und 17. Jahrhundert verschleiert sprachen.
Diese «Chymische Hochzeit» wurde in dem Manuskript
Die Lehre der Rosenkreuzer in mehreren Lebensbaumsym-
bolen dargestellt.)

Im Thalamus (Brautgemach) vereinen sich die Energien
der männlichen und der weiblichen «Schlange». Diese ver-
einte Energie strahlt über einige Nādīs auf die Epiphyse
(Zirbeldrüse) und die Hypophyse (Hirnanhangsdrüse) aus
und belebt diese. Die Hypophyse wirkt auf die Geschlechtsorgane und ist über einen Trichterstiel mit dem
Hypothalamus verbunden. Der Hypothalamus steuert unter anderem die Funktion der Verdauungsorgane, des Herzens und des Wärmehaushaltes. Die Belebung von Epiphyse und Hypophyse bewirkt die Öffnung des Dritten
Auges, das auch «Zyklopenauge» oder «Auge des Shiva»
genannt wird. Dieses Dritte, alles wahrnehmende göttliche Auge transformiert das duale Sehen. Die Uräus-
schlange (die Kobra) auf der Stirn ägyptischer Pharaonen
symbolisiert die Vermählung der männlichen mit der
weiblichen Energie, die die Öffnung des Dritten Auges
(des Auges des Horus) zur Folge hat. Ein zwischen den
Augen getragenes Ansatakreuz stellt diese Vermählung
ebenfalls dar. Der Hohepriester des Osiris verwendete
während des Rituals des Dritten Auges den Schlangen-
stab.

Die sechsblättrige Lotosblüte

Unmittelbar über dem Wurzel-Chakra, etwa in der Mitte
der Lendengegend, wo die Geschlechtsorgane ihre Wurzeln haben, befindet sich das Svādhishthāna- oder Milz-
Chakra, das als sechsblättrige Lotosblüte mit sechs zinno-
berroten Blättern dargestellt wird. Dieses Chakra steht mit
den Geschlechtsorganen, dem Dickdarm, dem Mastdarm,
den Nieren, der Blase und den Beinen in Zusammenhang
und beherrscht die Lymphdrüsen. In den Mysterien gelten
die Nieren als Sitz des Weisheitsdenkens. Die Beherrschung dieses Chakras geht mit der Herrschaft über die
Sinne und über das Element des Wassers einher und ak-
tiviert spirituelle Fähigkeiten.

Die zehnblättrige Lotosblüte

Direkt über dem Milz-Chakra, unter dem Sternum
(Brustbein), befindet sich die zehnblättrige Lotosblüte mit
den blauen Blättern, das Manipūra- oder Nabel-Chakra
(körperliche Entsprechung: Solarplexus oder Sonnenge-
flecht). Dieses Chakra steht in Zusammenhang mit dem
Tor zur Unterwelt in der griechischen Mythologie und
verleiht Zugang zu den Kräften des Unbewußten; es
weckt Erinnerungen an frühere Inkarnationen. Die Höllenfahrt des mythologischen Helden hat mit dem Aufblühen des Nabel-Chakras zu tun. Die Beherrschung des
Nabel-Chakras verleiht Herrschaft über das Element des

Feuers. Dieses Chakra beherrscht den Baum mit allen lebenswichtigen Organen wie Milz und Leber und ist mit dem zentralen Nervensystem über der Lendengegend verbunden.

Die Milz gilt in der Mysteriensprache als der Ort, an dem die Transformation des Ich erfolgen kann, da dieses Organ mit dem Mysterium des Blutes zusammenhängt (Bildung von weißen Blutkörperchen und Vernichtung von roten Blutkörperchen). «Blut ist ein ganz besonderer Saft», heißt es bei Goethe. Esoteriker betrachten diesen «Saft» sowohl als Träger des Ego-Bewußtseins (rote Blutkörperchen) als auch des göttlichen Bewußtseins (weiße Blutkörperchen).

Die Leber gilt in der Bibel als der Sitz der «göttlichen Glorie» (vgl. das Heraushacken der Leber durch den Adler bei Prometheus). Die Blutgefäße der Leber weisen eine Baumstruktur auf. In der antiken Heilkunst bezeichnete man die Leber als «kleinen Feigenbaum»! Nach dem Sündenfall wurde die Leber, zusammen mit der Milz, zum Sitz des Ego.

Das Nabel-Chakra bildet die Mitte des Lebensbaumes und ist der Omphalos (griechisch: Nabel) der Welt (des Körpers). In der Mitte endet der Stamm (die Wirbelsäule) und geht allmählich in das das Svādhishthāna- und Mūlādhāra-Chakra beherrschende Wurzelsystem über.

Die zwölfblättrige Lotosblüte

Rechts vom Herzen befindet sich die zwölffache Lotosblüte mit den scharlachroten Blättern, das Anāhata- oder Herz-Chakra. Dieses zentrale Chakra verbindet die energetischen Ströme aller Energien und sorgt für das harmonische Gleichgewicht der Energiefelder der linken und der rechten Körperseite, der weiblichen und der männlichen Energie, von Yin und Yang.

In der Mysteriensprache wird das Herz als der Sitz Gottes, des Unergründlichen, angesehen. «Brahman lebt in der Höhle des Herzens» heißt es in der *Mundaka-Upanishad*. Im Herzen erklingt das ewige Aum, der göttliche Urklang der Schöpfung. In der jüdischen Mysteriensprache wird das Herz als Krippe Bethlehems bezeichnet. Bethlehem bedeutet Haus des Brotes. Es ist der Ort, von dem aus der gesamte Körper mit dem geistigen Brot, dem Manna oder Prāna, gespeist wird. Die esoterischen Wissenschaften unterscheiden sieben ätherische Höhlen im Herzen, die bei den meisten Menschen noch «versiegelt» sind. Bei denen, die die Gottesverwirklichung erreicht haben, werden diese sieben Höhlen von sieben Schöpfungsstrahlen erhellt. Jeder Strahl korrespondiert mit einer Farbe des Regenbogens und symbolisiert eine spirituelle Fähigkeit. Das Herz-Chakra steht über einige Nādīs mit dem Thymus (der inneren Brustdrüse) in Verbindung. Der Thymus ist eine innersekretische Drüse, die in der Wachstumsphase von großer Bedeutung ist. Diese Drüse befindet sich in der Brusthöhle hinter dem oberen Teil des Brust-

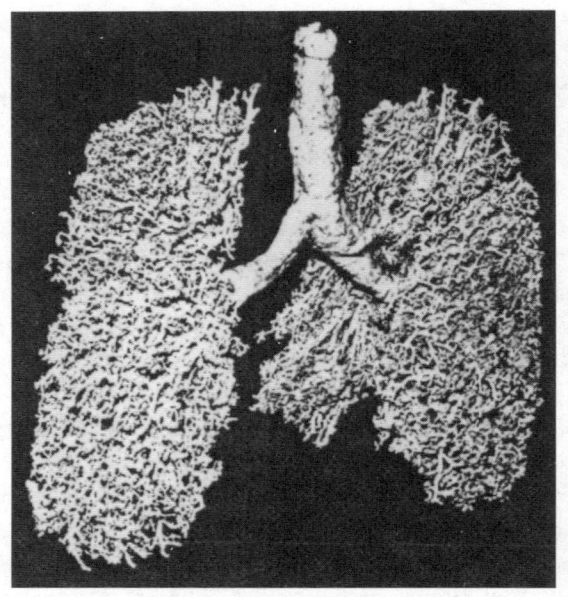

Abb. 6   Der «Lungenbaum», ein umgekehrter Baum

beins. Das Herz-Chakra steht auch mit den Lungen in Zusammenhang. Die Lungen, die Luftröhre und die verästelten Bronchien haben zusammen die Form eines umgekehrten Baumes und sorgen für die Sauerstoffregulierung des menschlichen Lebensbaumes (Abb. 6). Zwischen dem grünen Baum in der Natur und dem roten Lungenbaum des Menschen besteht ein sehr enges Verhältnis. Der grüne Baum spendet Sauerstoff und nimmt Kohlensäure auf; der menschliche Lungenbaum atmet Sauerstoff ein und scheidet Kohlensäure aus – ein Phänomen, das beide Bäume unzertrennlich miteinander verbindet. Wenn der Baum in der Natur stirbt, stirbt auch der Mensch.

Das so bedeutungsvolle Herz-Chakra kann nur aufblühen, wenn es gelingt, jegliche Form von Leidenschaft und Festhalten im Bewußtsein auszulöschen. Nur dann wird das Herz-Chakra alle Sinne beherrschen können. Bedingungslose Liebe und Erbarmen machen den Duft der blühenden Lotosblume aus. Die Beherrschung dieses Chakras verleiht Herrschaft über das Luftelement.

Die sechzehnblättrige Lotosblüte

Am unteren Ende des Halses, im Bereich des «Adamsapfels», gedeiht die sechzehnblättrige Lotosblüte mit dunklen karmesinroten Blättern, das Vishuddha- oder Hals-Chakra. Es steht in Zusammenhang mit der schöpferischen und magischen Kraft der Sprache (des ewigen Aum-Amen, des zeitlosen Logos, des Namens von Gott), die dem Menschen die blühende Macht über die Natur und alle Geschöpfe verleiht. Einem erfahrenen Zuhörer offenbart sich über die Stimme die gesamte seelische Entwicklung und auch die seelische Verfassung des Sprechenden.

Das Hals-Chakra beherrscht Rachenraum, Stimmbänder, Zunge und Arme. Die Beherrschung dieses Chakras ermöglicht ein vollständiges inneres Wissen über die Veden und verleiht Herrschaft über Vergangenheit, Gegenwart und Zukunft. Das Hals-Chakra steht über einige Nādīs direkt mit den Geschlechtsorganen in Verbindung. Die schöpferische Fähigkeit der Sprache wird durch die hormonelle Tätigkeit der Geschlechtsdrüsen bestimmt.

Im Rachen befindet sich auch die Schilddrüse, die gewissermaßen auf den sieben Halswirbeln ruht und mit dem Stoffwechsel zusammenhängt. Die Schilddrüse steht darüber hinaus in einem engen Verhältnis zur Hypophyse, die ihrerseits auf die Geschlechtsorgane und die sexuelle Energie wirkt.

Die sieben Halswirbel werden in der Mysteriensprache als «die siebensaitige Leier des Orpheus» bezeichnet, das Symbol des siebenfachen göttlichen Wortes. Orpheus, der seine Leier von Apollo bekam, konnte durch seinen wundervollen Gesang und das herrliche Spiel auf der Leier Pflanzen, Tiere und Steine bezaubern. Er bekam die Erlaubnis, seine geliebte Eurydike, die am Tag ihrer Hochzeit durch einen Schlangenbiß getötet worden war, aus der Unterwelt zu holen. Doch während seiner Reise in die Unterwelt gelingt es ihm nicht, seine dunkle weibliche Seite (Eurydike) kennenzulernen. Das verhindert die Vermählung der beiden Schlangen im Brautgemach – aus Mangel an Vertrauen! Die Schilddrüse, die sich direkt unter dem Adamsapfel befindet, heißt im Griechischen *turoidos*: «der die Form eines Tores hat». Der Turoidos ist der Zugang zum Garten Eden (dem paradiesischen Bewußtsein). Der Sündenfall des Menschen steht in engem Zusammenhang mit dem Mysterium des Adamsapfels und der Sexualität, wie wir später sehen werden.

Zwischen den Augenbrauen, dort, wo die Nasenwurzel endet, befindet sich die zweiblättrige Lotosblüte mit weißen Blättern, das Ājñā- oder Stirn-Chakra. Dieses Chakra wird in der westlichen Esoterik auch als das «Dritte Auge» bezeichnet. In Ägypten wurde es das «Auge des Horus», in Indien das «Auge Shivas» (Trilochana, dreiäugig) genannt. Das Auge Shivas «zerstört» alle Formen. In der Mythologie der Hindus wird es als eine «gewaltige Flamme» beschrieben, die Kāma, den Gott der Begierde und der körperlichen Liebe, und Yama, den Gott des Todes, zu Asche verbrennen läßt. Das Auge Shivas zerreißt den Schleier von Māyā (die unbeständige und veränderliche Welt der Gestaltungen) und zeigt dem Menschen sein wahres, göttliches Antlitz. Der Sehende, das Gesehene und das Sehen selbst gehen ineinander über und bilden eine Einheit. Die Beherrschung dieses Chakras verbrennt alles Karma aus vergangenen Leben.

Im Mythos des Luzifer wird das Dritte Auge (das auch «Auge der Weisheit» oder «Sonnenauge» genannt wird) als ein «strahlender Smaragd» auf Luzifers Stirn beschrieben. Nach seinem Sturz hatte Luzifer diesen kostbaren Stein verloren. Nach Adams Vertreibung aus dem Paradies, wobei dieser den Smaragd ebenfalls verlor, wurde der Stein von den Engeln aufgefangen, die daraus den Gralsbecher Christi machten. Der Gralsbecher wurde zum Symbol der esoterischen christlichen Lehre vom Geheimnis des Blutes. Nach Christi Tod brachte Joseph von Arimathäa den

Gralsbecher nach England (genauer gesagt nach Glaston-
bury, der Gegend der Artus- und Gralserzählungen), wo er
seinen Stab, in den christlichen Einweihungsmysterien das
Symbol des menschlichen Lebensbaumes, einpflanzte. Der
Legende nach soll dieser Stab jahrhundertelang am Vor-
abend von Christi Geburt aufgeblüht sein, was darauf hin-
weist, daß sich die christlichen Mysterien über einen großen Zeitraum hinweg behaupten konnten.

Der wundervolle Smaragd ist der «kostbare Stein», der
in der Gralsliteratur erwähnt wird. In der Alchimie wird er
als «Stein der Weisen» bezeichnet, als die Frucht der alchimistischen Prozesse, die sich im Körper vollziehen.

Vor dem Auge der Weisheit werden alle Gegensätze, wie
Leben und Tod, Zeit und Zeitlosigkeit, Ruhe und Bewegung, ausgeglichen. Dort befindet sich der «königliche
Gottesthron». Sobald die begierige Hand nach den Früchten des Baumes der Erkenntnis von Gut und Böse greift,
«fällt» das Bewußtsein in das Rad der Gegensätze und das
Sonnenauge schließt sich (Abb. III). Das Chakra des Dritten Auges symbolisiert also die wahre Erkenntnis beziehungsweise Weisheit und Erleuchtung.

Wenn Jesus sagt: «Das Auge gibt dem Körper Licht»
(Matth. 6,22), meint er damit das Dritte Auge. Das Dritte
Auge des «blinden Sehers» Teiresias, «des Erkenners aller
Dinge», ist offen, als er Ödipus verkündet, daß dieser sei-
nen Vater, König Laios (Symbol des all-einen Geistes),
getötet habe und mit seiner Mutter, der Königin Iokaste
(Symbol der Vielfalt der stofflichen Natur), verheiratet sei.
In der *Bhagavad-Gītā* nutzt der «blinde Seher» Sanjaya das

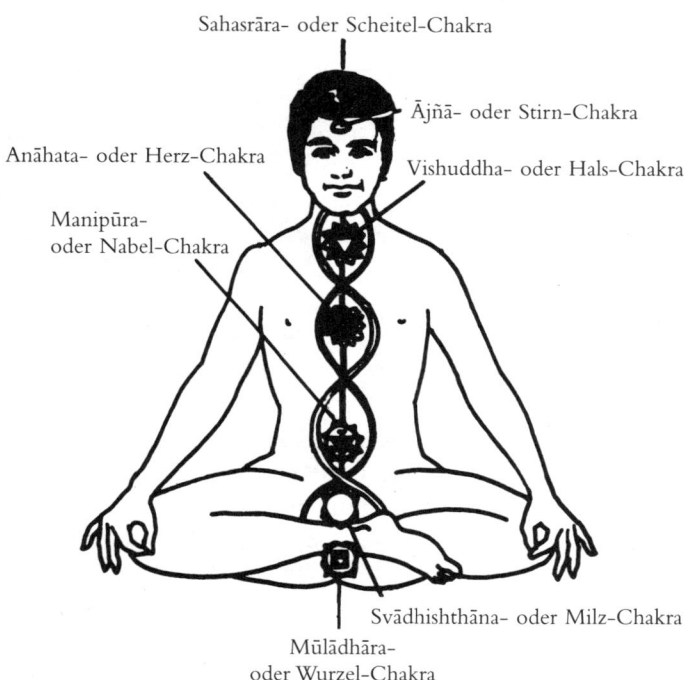

Sahasrāra- oder Scheitel-Chakra

Ājñā- oder Stirn-Chakra

Anāhata- oder Herz-Chakra

Vishuddha- oder Hals-Chakra

Manipūra- oder Nabel-Chakra

Svādhishthāna- oder Milz-Chakra

Mūlādhāra- oder Wurzel-Chakra

Abb. 7   Der Lebensbaum mit den sieben Chakras

Dritte Auge, als er den blinden König Dhritarāshtra (Symbol des Ich) über die Schlacht zwischen den Pāndavas und Kauravas informiert. Und der Eremit und Weise Asita, der im neugeborenen Prinzen Siddhārta den künftigen Buddha erkennt, macht seine Entdeckung nur dank des Dritten Auges.

Das Stirn-Chakra steht mit zwei bereits genannten Gehirnorganen in Zusammenhang, mit der Epiphyse und der Hypophyse. Die Epiphyse wurde in der hebräischen Mysteriensprache als «Thron Gottes» und in den ägyptischen Mysterien als «Sonne im Kopf» bezeichnet. Sie bildet den Knauf am Stock des Brahmā oder wie immer man ihn auch nennen mag: Lebensstab, Zauberstab, Rute, Zepter oder Kaduzeus.

Die tausendblättrige Lotosblüte

Im Wipfel des Lebensbaumes, über dem Scheitelpunkt des Kopfes (Golgotha) ist die tausendblättrige Lotosblüte zu Hause, in der eine Fülle von unbeschreiblich klaren Farben aufeinandertreffen: das Sahasrāra- oder Scheitel-Chakra. Hier befindet sich der «Sitz des Shiva», das «Tor des Brahman», das Tor zur vollkommenen Befreiung, zur Erleuchtung und Glückseligkeit.

Das Scheitel-Chakra nimmt zusammen mit dem Herz-Chakra eine besondere Stellung ein. Beide stehen mit Gehirnfunktionen in Zusammenhang. Blüht das Scheitel-Chakra auf, wird der gesamte Scheitel mit Tausenden von wundervollen Blättern bedeckt und eine Ausstülpung erscheint über dem Kopf (wie viele Abbildungen des Buddha zeigen). Gemäß dem hermetischen Axiom «oben wie unten» besteht über den «Fluß des Lebens» eine direkte Verbindung zwischen dem Scheitel- und dem Wurzel-Chakra. Über das verlängerte Mark und den Gehirnstamm nährt der Fluß des Lebens, der ganz unten am Stamm mit dem vierblättrigen Mūlādhāra- oder Wurzel-Chakra in Verbindung steht, das überaus komplizierte, aus vier Teilen bestehende Gehirn und speist das Scheitel-Chakra mit subtiler Lebensenergie. Das Gehirn, bestehend aus Großhirn (Cerebrum), mit einer linken und einer rechten Hälfte (Hemisphären), Zwischenhirn, Mittelhirn und Kleinhirn (Cerebellum), bildet die Krone des Lebensbaumes mit Milliarden von Blättern (Zellen). Das Kleinhirn, das ebenfalls aus einer rechten und einer linken Hälfte besteht, wird in der Neurologie auch *arbor vitae* (Lebensbaum) genannt. Das Kleinhirn weist überraschenderweise die Struktur eines Eichenblatts auf.

In der Esoterik geht man davon aus, daß sich im Gehirn sieben ätherische Hohlräume befinden. Bei einem Menschen, der die Gottesverwirklichung erlangt hat, brennen im Gehirn sieben Lichter, vergleichbar mit der Menora (hebräisch für «Lampe»), dem siebenarmigen Leuchter vor dem Thron Gottes. Es sind die «sieben Geister Gottes» aus der Apokalypse, die wie «sieben lodernde Fackeln vor dem Thron Gottes» brennen.

Es zeigt sich also, daß der menschliche Lebensbaum mit seinen sieben goldenen Früchten zahllose Geheimnisse in sich birgt, die die Eingeweihten kannten, als sie den Mythos vom Baum der Erkenntnis von Gut und Böse schufen; den Mythos vom Baum, der in der Mitte des Gartens Eden am Fluß des Lebens steht (Abb. 7).

Die Quelle des Lebens
zu Füßen des Lebensbaumes

Durch den Stamm des Lebensbaumes, durch den von der Wirbelsäule umgebenen Wirbelkanal, strömt eine sehr subtile Lebensenergie, die sich aus der Quelle des Lebens, der «Quelle der ewigen Jugend», ergießt. Diese Quelle entspringt zu Füßen des Lebensbaumes. Es ist der Strom der sexuellen Energie, die sich aus der Hormonproduktion der Geschlechtsorgane ergibt. Der männliche Samen und die weiblichen Eizellen enthalten eine stark konzentrierte Lebensenergie. Die transformierte Form dieser Lebensenergie wurde in den esoterischen Traditionen auf unterschiedliche Weise bezeichnet. In den Hindu-Schriften ist von Amrita, «Nektar» oder Soma die Rede. Die persische Mythologie spricht von Haoma. Die alten Alchimisten nannten diese konzentrierte Lebensenergie «Stein der Weisen», «Lebenselixier» oder Aurum potabile (flüssiges Gold; der Lebensbaum «trinkt» dieses Gold). Es ist «Feuer», das wie «Wasser» strömt. Die Alchimie kennt das Thema der androgynen oder hermaphroditischen Hochzeit. Diese findet statt in einer Lebensquelle oder in einer Fontäne, die im Garten Eden unmittelbar neben einem Lebensbaum entspringt. Der Alchimist Flamellus erzählt zum Beispiel, daß «inmitten eines schönen Gartens ein wundervoll blühender Rosenstrauch stand, der sich an einer hohlen Eiche, zu deren Füßen ein Springbrunnen sprudelte, heraufwand...»[3].

Abb. 8   Der «Arbor philosophorum» als Planetenbaum.
Die sieben Kreise mit den Figuren (den sieben Metallen)
verweisen auf das Aufblühen der Chakras.
Senior (links) erklärt Adolphus (rechts) den Baum.
(Aus: J. D. Mylins, *Philosophica reformata*, 1622)

Das Lebenselixier befindet sich in der Fontäne (in den
Geschlechtsorganen). Mit Hilfe des Lebenselixiers kann
der Baum der Philosophen, der Lebensbaum, wieder aufblühen, wenn der Mensch die unedlen Metalle (tierische
Eigenschaften wie Eifersucht und Haß) in edle Metalle
(menschliche Eigenschaften wie Liebe und Erbarmen)

transformiert (Abb. 8). Dann wird sich das göttliche Auge der Weisheit wieder öffnen. Dann wird man den Stein der Weisen finden. *Pretiosa Margarita Novella* (kostbare neue Perle) nannte ihn der berühmte Alchimist Petrus Bonus (sein Name bedeutet «guter Stein»!) in seinem gleichnamigen Manuskript aus dem 13. Jahrhundert. Der Alchimist Senior sagt über den Stein und über den Baum der Philosophen:

> Der Stein der Weisen entsteht durch sich selbst und bringt die Wurzeln, die Zweige, die Blätter, die Blumen und die Früchte hervor, denn er ist wie ein Baum, der selbst seine Zweige, Blätter, Blumen und Früchte hervorbringt, die durch ihn bestehen und ihm gehören. Er ist das All, und das All geht aus ihm hervor.[4]

Die Beziehung zwischen dem Lebensbaum und dem Stein (der Weisen) wird auch in vielen Gralsgeschichten auf verschleierte Weise thematisiert. Ein Beispiel dafür ist die Gralsdichtung Wolframs von Eschenbach. Er umschreibt den Gral als «des Heiles Wurzel, Stamm und Reis» und verweist damit auf das Geheimnis der Regeneration des Lebensbaumes aus dem Wurzel-Chakra (siehe S. 119).

Feuer, das wie Wasser strömt:
Kundalinī, die Schlangenkraft

Das Feuer, das wie Wasser strömt, ist das Schlangenfeuer, der Fluß des Lebens. In den Veden ist von Kundalinī die Rede, von der göttlichen Schlange, die sich im erwachten Zustand wie ein Fluß durch den Lebensbaum bewegt und deren Lebenskraft in erster Linie von der sexuellen Energie stammt, die in den männlichen Samenzellen beziehungsweise in den weiblichen Eizellen gespeichert ist. Die sexuelle Energie ist von allen Energien die stärkste und lebensfähigste. Alle Eingeweihten kennen ihre geheimnisvolle Kraft. Ohne die Transformation dieser Energie können die sieben Chakras nicht aufblühen, und der Mensch strebt umsonst nach der Vollendung.

Rein stofflich betrachtet, enthalten der männliche Samen und die weiblichen Eizellen eine Fülle von Vitaminen, Mineralien, Spurenelementen, Hormonen, Proteinen, Ionen, Enzymen und vielen anderen lebenswichtigen Nährstoffen. Doch die Essenz der Lebensenergie in den Samen- und Eizellen kann man mit dem bloßen Auge nicht wahrnehmen.

Die sexuelle Energie, von den Chinesen Ching genannt, wird im Körper mit Hilfe von Nahrung, Sonnenlicht und kosmischer Energie (Prāna bei den Indern und Chi bei den Chinesen) unaufhörlich produziert. Beim Mann erfolgt diese Produktion in den Samen-, bei der Frau in den Eizellen. Je pflanzenreicher und vollwertiger die Nahrung ist, die wir zu uns nehmen (die Veden sprechen von sattvischer oder spiritueller Nahrung, die Bibel von Pflanzen, «die Samen tragen», und von Bäumen «mit samenhaltigen Früchten», Gen. 1,29), je reiner die Luft ist, die wir einatmen, und je mehr wir uns den kosmischen Gesetzen des Lebens anpassen, desto subtiler wird die Kraft der sexuellen Energie in den Geschlechtsorganen. Und um so reiner kann diese Energie von den Wurzeln zur Krone des Lebensbaumes (dem Gehirn) strömen. In den Veden wird diese subtile Lebensenergie «Ojas-Shakti» genannt, der reinste Extrakt der Veerya (der vitalen Energie), die Essenz des Blutes. Veerya bestimmt durch das Blut die Lebensfähigkeit der Samen- und Eizellen. Bei einem enthaltsam lebenden Menschen (in Indien Brahmachāri genannt) wird Ojas-Shakti als spirituelle Energie im Gehirn gespeichert und wirkt dort auf die Weisheit und Intelligenz. Sie läßt die Krone und den übrigen Lebensbaum völlig aufblühen. Danach verströmt der ganze Baum einen herrlichen, jasminartigen Duft. Es ist der Duft der Heiligkeit, der den Heiligen, großen Mystikern, Erleuchteten, Bodhisattvas und Avatāras tatsächlich anhaftet.

Ein paradiesischer Zustand

Solange der kostbare vitale Lebenssaft, das Lebenselixier, den Stamm des Lebensbaumes durchströmt und am Wurzel-Chakra von der Quelle des Lebens gespeist wird, herrscht ein paradiesischer Zustand. Der Mensch ist noch jungfräulich und unschuldig, er «ergeht sich» in göttlicher Lebensenergie und fühlt sich vollkommen glücklich. Es ist immer genügend «Öl» (Ojas-Shakti) in der Lampe, und das Dritte Auge ist geöffnet. Der Mensch lebt in der Welt des Geistes. Die beiden anderen Augen, die die Welt in Gut und Böse spalten, sind noch geschlossen. Die Sprache des paradiesischen Menschen enthält noch eine geistig-schöpferische Kraft. Das Benennen der Tiere beinhaltet gleichzeitig das Wissen um das Wesen der Tiere. Diese Fähigkeit verleiht dem Menschen die vollkommene Herrschaft über alle Tiere, sogar über die Raubtiere. Die Sprache des Menschen ist durchdrungen vom göttlichen Wort, vom ewigen Aum-Amen, das das All wie ein zweischneidiges Schwert, männlich und weiblich zugleich, regiert. Der paradiesische Mensch, der sich von den Früchten des Lebensbaumes in der Mitte des Gartens Eden ernährt, lebt in völliger Harmonie. Es gibt noch keine Störungen in den kosmischen Energien des Lebensbaumes; keinen Zwiespalt zwischen dem Männlichen und dem Weiblichen; keine Störungen zwischen der Krone und den Wurzeln des Lebensbaumes, zwischen Himmel und Erde, zwischen Gott als Makrokosmos und dem Menschen als Mikrokosmos. Durch das Lebenselixier werden die feinstofflichen Verbindungen zwischen Epiphyse, Hypophyse, Thalamus und einigen anderen Organen im Gehirn aufrechterhalten. Eva lebt noch in Adam und Adam in Eva, als «Bein» und «Fleisch» voneinander. Vor der Trennung der Geschlechter leben sie in einer göttlichen Androgynie, einander in «Mark und Bein» durchdringend.

Der androgyne Lebensbaum:
Adam und Eva sind noch eins

Viele Schöpfungsmythen berichten darüber, daß der ursprüngliche Mensch in einer göttlichen Androgynie gelebt habe, Männliches (griechisch: *andros*) und Weibliches (griechisch: *gunè*) in einem Körper vereinend. Dieser göttliche Hermaphrodit, der in einer vollkommenen Einheit des Geistes lebte, sei dem dualen Menschen, Mann und Frau, vorausgegangen und habe ein himmlisches Lichtgewand getragen.

In der Kabbala heißt der göttliche Hermaphrodit Adam Kadmon. Er geht in die Dualität von Adam und Eva über, die beide das Urbild des Adam Kadmon in sich tragen. Beim androgynen Menschen waren das göttliche Bewußtsein und die Liebe eng miteinander verbunden. In dem Wort Hermaphrodit, zusammengesetzt aus Hermes (dem Götterboten) und Aphrodite (der Göttin der Liebe), kommt diese enge Beziehung zum Ausdruck.

Für den androgynen Menschen gibt es wahrscheinlich keine schönere Metapher als den Baum. Viele Bäume sind androgyn und vermehren sich auf ungeschlechtliche Weise durch zahllose Triebe an den Wurzeln. Viele Bäume haben männliche und weibliche Blüten, die sich meist gemeinsam an einem Zweig befinden. Es gibt aber auch Bäume, deren Blüten zugleich männlich und weiblich sind. Sie haben einen Stempel und auch Staubgefäße.

In Genesis 1,26f., heißt es, daß Gott den Menschen als

sein Abbild schuf, als Mann und Frau in einem. Diese Textstelle wird meist schnell übergangen, da den männlichen Theologen wenig dazu einfiel. Lesen wir den folgenden Text einmal mit anderen Augen:

> Dann sprach Gott: «Laßt uns Menschen machen als unser Abbild, uns ähnlich. Sie sollen herrschen über die Fische des Meeres, über die Vögel des Himmels, über das Vieh, über die ganze Erde und über alle Kriechtiere auf dem Land.»
> Gott schuf also den Menschen als sein Abbild: als Abbild Gottes schuf er ihn. Als Mann und Frau schuf er sie.

Daß es in der Bibel zahllose Übersetzungsfehler gibt, ist uns zur Genüge bekannt. Zudem wurden viele Textstellen ohne Kenntnis der Mysterien übersetzt. Dadurch sind viele Erzählungen zu «Steinen» geworden. Nur das «Wasser» (die Gnosis) kann aus ihnen wieder «lebendige Speise» (geistiges Brot) machen. Der Schlüssel der Gnosis öffnet viele Türen.

Die von Männern dominierte Theologie hat jahrhundertelang mit aller Macht versucht, Gott auf ein männliches Bild festzulegen. Die Mystiker haben mit dieser Vorstellung gebrochen, was wiederum zur Folge hatte, daß die offizielle Kirche mit den Mystikern brach. Männliche Theologen beschreiben einen männlichen Gott. Doch Gott beschränkt sich nicht auf den Bereich der Theologie, er gehört der Welt der Erfahrung an. Keine Dissertation kann den Unnennbaren beschreiben. Kein Dogma vermag den Namenlosen, aus dem alle Namen hervorgehen, zu benennen.

Genesis 1,26, spricht von Gott im Plural: «Laßt uns Menschen machen als unser Abbild, uns ähnlich.» In Genesis 1,27, ist aus dem «Wir» plötzlich ein «Er» geworden. Und in Genesis 2,15, heißt Gott auf einmal Jahwe (JHWH) Gott. Dieser gewollte oder ungewollte Übersetzungsfehler hat weitreichende Folgen gehabt.

Der kabbalistische Lebensbaum
und das Schwert des Heiligen

Die Kabbala lehrt, daß Jahwe Gott nur eine der schöpferischen Kräfte Gottes darstellt. Im Hebräischen werden die schöpferischen Kräfte oder Hierarchien die Elohim genannt. Elohim ist der Plural von Elohah. Jeder Elohah verfügt über männliche und weibliche Schöpfungskraft. Zusammen bilden sie Himmel und Erde, das Universum, dargestellt im sefirothischen Baum (Ez Chajim), einem umgekehrten Lebensbaum, der mit dem menschlichen Lebensbaum übereinstimmt (Abb. IV). Die zehn Sefiroth (Einzahl: Sefira) dieses Baumes können als Emanationen oder Ausstrahlungen eines Gottes angesehen werden, die dem unergründlichen «En-Sof» entsprungen sind. Drei der Sefiroth bilden zusammen die göttliche Dreifaltigkeit, und sieben von ihnen, vergleichbar mit den Elohim, erschaffen zusammen das Universum (Abb. 9). Elohim läßt sich am besten übersetzen mit Gott-der-Götter. Einer der Elohim ist Jahwe oder JHWH Elohim.

Im *Sefer ha-Sohar* (Buch des Glanzes), das neben dem *Sefer Jezira* (Buch der Schöpfung) das wichtigste Werk der kabbalistischen Tradition ist, steht geschrieben, das Schwert des Heiligen bestehe aus einem Tetragramm, aus einem vier Buchstaben umfassenden magischen Zeichen: dem Jod-He-Vav-He. Jod bildet den Knauf des Schwertes, Vav den Griff, und die beiden Hes stellen die beiden Schneiden dar (*Sohar* III, 274b). Dieses Schwert entspricht

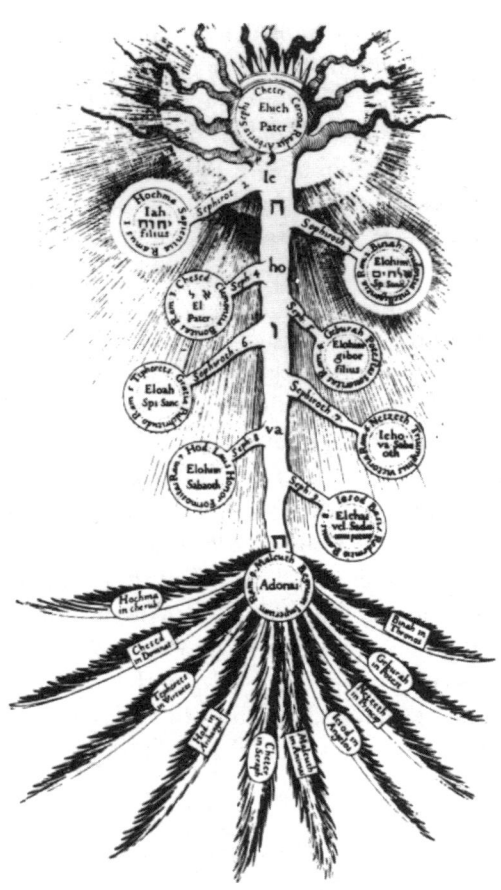

Abb. 9   Die zehn Emanationen des sefirothischen Baumes
(Gravur von Johannes de Bry, aus:
Robert Fludd, *Philosophica Sacra*, 1626)

dem göttlichen Menschen, der durch das göttliche Wort nach dem Abbild des JHWH Elohim erschaffen wurde. Die Juden sprechen den heiligen Namen JHWHs niemals aus, da das Kennen und Aussprechen des Namens für sie einer Machtausübung gleichkommt. JHWH Elohim wird daher als Adonaj Elohim ausgesprochen.

Genesis 1,26–28, könnte man auf folgende Weise lesen:

> Und Elohim sprach: «Laßt uns Menschen machen als unser Abbild, uns ähnlich. Sie sollen herrschen [im Sinne von ‹dienen›] über die Fische des Meeres, über die Vögel des Himmels, über das Vieh, über die ganze Erde und über alle Kriechtiere auf dem Land.»
> Und Elohim schuf den Menschen nach seinem Abbild: nach dem Abbild Elohims schuf er ihn, männlich und weiblich schuf er sie. Und Elohim segnete sie, und Elohim sprach zu ihnen: «Seid fruchtbar und vermehret euch [im Sinne eines ‹inneren Wachstums›]; bevölkert die Erde, unterwerft sie euch, und herrscht über die Fische des Meeres, über die Vögel des Himmels und über alle Tiere, die sich auf dem Land regen.»

JHWH Elohim formte aus der Rippe (Seite), die er vom Menschen genommen hatte, eine Frau und führte sie dem Menschen zu. JHWH Elohim enthält sowohl männliches (Jah) als auch weibliches (Heva) Leben. Die Pluralform, die in Genesis 1,26, in bezug auf Gott verwendet wird, ist somit berechtigt. Der erste Mensch, von JHWH Elohim erschaffen, war also im geistigen Sinne ein androgyner Mensch oder Hermaphrodit. Der androgyne Mensch, der der biologischen Evolution zugrunde liegt, wird im Gegensatz zu den esoterischen Wissenschaften (z.B. Alchimie und Theosophie) von den Wissenschaften der Biologie, Anthropologie und Theologie kaum ernst genommen. Im androgynen Menschen waren Mann und Frau noch miteinander vereint, bis über die «Rippe» die Trennung der Geschlechter erfolgte und Adam über Eva sagte: «Das endlich ist Bein von meinem Bein und Fleisch von meinem Fleisch!» (Gen. 2,23).

Die linke Rippe stellt in der kabbalistischen Tradition die weibliche, dunkle Seite dar, die noch nicht erhellte Gefühlsseite, die auf diese Weise mit dem Leben, mit «der Mutter der tausend Dinge» (Laotse) verbunden ist. Sie ist aber auch die Seite der weiblichen Intelligenz und Weisheit.

Die rechte Rippe symbolisiert die männliche, rationale Seite. Sie repräsentiert die leuchtende Seite des Menschen, die Fähigkeit, mit Hilfe des richtigen Wissens Licht ins Dunkel der Dinge zu bringen.

Bei der Trennung der Geschlechter ist anfangs noch keine Rede von einer Dualität, vom Baum der Erkenntnis von Gut und Böse, da Adam und Eva sich ja von den Früchten des Lebensbaumes ernährten. Die linke und die rechte Rippe, die weibliche und die männliche Seite, finden ihre rechte Mitte im Lebensbaum. Dieser bildet eine feste Säule im Tempel des menschlichen Körpers. Die männliche und die weibliche Seite bilden zusammen die beiden Schneiden des zweischneidigen Schwertes, des göttlichen Wortes.

In der Mitte (am Griff oder am Stamm des Lebensbaumes) vereinen sie alle Gegensätze, vergleichbar mit der Mittelsäule des *arbor cabbalistica*, des kabbalistischen Baumes. Bei diesem wird die Mittelsäule von Kether (der Krone, vergleichbar mit dem Scheitel-Chakra), der höchsten Sefira, gebildet, die ihrerseits mit Malchuth (dem Reich Gottes, vergleichbar mit dem Wurzel-Chakra), der untersten Sefira, in Verbindung steht. Die beiden angrenzenden Säulen sind: links Bina, die dunkle Säule: weibliche Intelligenz und Weisheit, auch Ama (himmlische Mutter) genannt; rechts Chochma, die leuchtende Säule: männliches Wissen und Weisheit, auch Abba (himmlischer Vater) genannt. Im Hinduismus heißen die Entsprechungen der einzelnen Säulen (Mittelsäule, linke und rechte Säule) Sushumnā, Idā und Pingalā.

Nach dem Sündenfall, so die Kabbala, werden die «Lichter» umgedreht: die Chakras drehen sich nicht mehr mit der Sonne mit. Links wurde rechts, und rechts wurde links. Die weibliche Intelligenz und Weisheit wurden allmählich vermännlicht und entwickelten sich zum rationalen dualistischen Intellekt. Das männliche Wissen und die männliche Weisheit verkümmerten zu verdrängter weiblicher Weisheit und Intuition. Die linke und die rechte Gehirnhälfte gerieten miteinander in Konflikt, das schöpferische Wort ging verloren, das Auge der Weisheit schloß sich, und der duale Mensch begann seinen Gang durch die Wüste in «Röcken aus Fellen» (Gen. 3,21).

Das zweischneidige Schwert mit dem Griff und der aus drei Säulen bestehende kabbalistische Lebensbaum symbolisieren zusammen den androgynen Menschen vor dem Sündenfall. Der Baum ist ebenfalls ein androgynes Symbol.

Die rechte Mitte

Genesis 1,27, spricht offen über die Erschaffung des Menschen als androgynes Wesen. Genesis 2,9, zeigt die «Mitte» des androgynen Menschen: den Lebensbaum, der zugleich den Baum der Erkenntnis von Gut und Böse in sich birgt. Es wird dem Menschen verboten, vom Baum der Erkenntnis zu essen, denn sobald er davon ißt, wird er sterben müssen.

Genesis 2,21–23, schildert die Trennung des göttlichen Hermaphroditen in «Mann» und «Männin», in der Volksmythologie Adam und Eva genannt. In diesem Fragment der Genesis wird ebenfalls das Mysterium des Übergangs vom androgynen zum dualen Menschen beschrieben. Beide waren nackt und erkannten ihre Nacktheit (Körperlichkeit), aber sie kannten (noch) keine Scham. Der göttliche Hermaphrodit war auf geistige Weise schöpferisch. Sein Adamsapfel war verbunden mit der magischen Kraft des Wortes. Auch der duale Mensch des Anfangs hatte noch eine Beziehung zur magischen Kraft des Wortes, zum ewigen Aum-Amen. Solange er nach den Gesetzen der Schöpfung lebt, behält er seine geistig-schöpferischen Fähigkeiten, die auch dem ihm vorausgegangenen Hermaphroditen eigen waren. Das Männliche und das Weibliche befinden sich beim dualen Menschen des Anfangs noch in vollkommener Harmonie: Adam lebt noch in Eva, und Eva lebt in Adam. Sie sind die fleischgewordene Liebe des

Wortes. Obwohl JHWH Elohim den göttlichen Hermaphroditen in Adam und Eva trennt, bleibt also in beiden
die Rippe (die Essenz des anderen) vorhanden (vgl. das
chinesische Yin und Yang im Tao-Symbol). Die Harmonie
des Männlichen und des Weiblichen im Mann und in der
Frau bleibt bestehen, solange von den Früchten des Lebensbaumes, der in der Mitte des Garten Eden wächst,
und nicht von den Früchten des Baumes der Erkenntnis
gegessen wird. Das Einhalten der rechten Mitte ist der
richtige Weg.

Doch trotz des Verbotes, oder vielleicht aufgrund des-
selben, aß der Mensch vom Baum der Dualität. Und so
ereignete sich das Urdrama des Menschen: sein Fall in das
Rad der Dualitäten. Diese dramatische Störung im eigenen Lebensbaum und deren Ursache werden in Genesis 3
auf verschleierte Weise beschrieben. In Genesis 1 und 2
wird die gesamte Evolution zu einem kurzen Mythos
komprimiert. Genesis 3 zeigt anhand eines exemplarischen
menschlichen Paares und einer exemplarischen Handlung
den Prozeß des Sündenfalls. Für ein besseres Verständnis
dieses Sündenfalls werden wir uns im folgenden näher mit
der Symbolik des Baumes der Erkenntnis von Gut und
Böse, mit der verbotenen Frucht und der damit in Verbindung stehenden geheimnisvollen sprechenden Schlange
befassen.

II

Die Schlange, der Baum der Erkenntnis und die verbotene Frucht

Die kluge und listige Schlange

Die Schlange war schlauer als alle Tiere des Feldes, die Gott, der Herr, gemacht hatte. Sie sagte zu der Frau: «Hat Gott wirklich gesagt: Ihr dürft von keinem Baum des Gartens essen?» Die Frau entgegnete der Schlange: «Von den Früchten der Bäume im Garten dürfen wir essen; nur von den Früchten des Baumes, der in der Mitte des Gartens steht, hat Gott gesagt: Davon dürft ihr nicht essen, und daran dürft ihr nicht rühren, sonst werdet ihr sterben.»

Darauf sagte die Schlange zur Frau: «Nein, ihr werdet nicht sterben. Gott weiß vielmehr: Sobald ihr davon eßt, gehen euch die Augen auf; ihr werdet wie Gott und erkennt Gut und Böse.»

Genesis 3,1–6

In der christlichen Kultur ist kaum ein Tier so negativ dargestellt worden wie die Schlange. Trotzdem ermahnt Jesus seine Jünger: «Seid klug wie die Schlangen und arglos wie die Tauben!» (Matth. 10,16; vgl. Logion 39 des Thomas-Evangeliums). In der griechischen Fassung des Matthäus-Evangeliums wird an dieser Stelle das Wort *phrónimos* verwendet, das mit «weise», «vernünftig» oder «klug» übersetzt werden kann. Im hebräischen Text der Genesis steht *arum*, das nicht nur «schlau» oder «listig» bedeutet, sondern auch «vernünftig» oder «klug».

Abb. I   Anubis, der Gott des Todes, mit dem Ansatakreuz

Abb. II   Die Göttin Mut versieht die verstorbenen Seelen aus
der Sykomore heraus mit Lebenswasser

Abb. III   Der Baum des Lebens und der Baum der Erkenntnis
von Gut und Böse, dargestellt als ein einziger Baum in Gottes
Hand (aus: *Die Lehre der Rosenkreuzer*, Manuskript, 1788)

Abb. IV   Der sefirothische Baum. Oben: die Sefira Kether
oder «Krone» (Gemälde von J. A. Knapp, aus: Manly P. Hall,
The Secret teachings of all ages, Los Angeles [3]1979, gegenüber S. 121,
Copyright Philosophical Research Society)

Abb. V   Die Esche Yggdrasil (aus: Manly P. Hall,
The Secret teachings of all ages, Los Angeles ³1979,
gegenüber S. 93, Copyright Philosophical Research Society)

Abb. VI   Ansatakreuz oder Ankh-Hieroglyphe (aus: «Karnak,
Papyrusgalerie», 1984, in: *De Ankh*, Brügge)

Abb. VII   Die Kreuzigung der niederen Natur und die
Auferstehung im Göttlichen. (Aus: Manly P. Hall,
The Secret Teachings of all ages, Los Angeles ³1979, gegenüber
von Seite 181, Copyright Philosophical Research Society)

Abb. VIII   Der göttliche Hermaphrodit, inspiriert durch das
Buch der Apokalypse (aus einem alchimistischen Manuskript,
ca. Ende des 18. Jahrhunderts)

In der Gnostik gilt die Schlange als das Symbol der Weisheit und Erkenntnis. Das giftige Wissen wurde mit der Natter verglichen (vgl. «Natternbrut»). In den Mysterientempeln Ägyptens und Griechenlands wurde die Schlange als heiliges Tier verehrt. Sie verkörperte das Mysterium von Leben, Tod und Unsterblichkeit (letzteres aufgrund ihrer Häutungen). In Israel wurde die «Kupferschlange» (2. Kön. 18,4) verehrt. Die Augen ohne Lider, die lautlosen Schlängelbewegungen am Boden und die Häutungen machten aus der Schlange das Symbol schlechthin für die Einweihung in das Mysterium von Leben und Tod.

Die Symbolik der Schlange ist sehr vielschichtig. In zahlreichen Schöpfungsmythen wird die Schlange als das älteste Geschöpf dargestellt. In dieser Eigenschaft symbolisiert sie die Vielfalt der Materie, die durch die Kraft des Geistes offenbart wird. Die Schlange gilt aber auch als die Mutter aller Geschöpfe. So wurde der androgyne Azteken-Gott Quetzalcoatl häufig als Federschlange dargestellt. Sein Unterkörper bestand aus Schlangen, was wiederum auf die schöpferische Mutter hindeuten sollte (vgl. die im antiken Kreta verbreiteten Statuen der Muttergöttin, die in ihren Händen zwei Schlangen hält). Sehr bekannt ist die siebenköpfige Schlange (oder der siebenköpfige Drache), die die sieben Schöpfungsphasen symbolisiert. In Indien kennt man die tausendköpfige Schlange Sesha, die die tausend Yugas (Zeitalter) repräsentiert, in denen sich die Schöpfung offenbart.

Die Schlange ist aber auch das Sinnbild für die Welt der

Gestaltungen mit all ihren Reizen und Verführungen. In dieser Metapher ist sie Māyā, die den Menschen verführt und ihn dazu anstiftet, mit all seinen Sinnen die Welt zu entdecken. C. G. Jung erkannte neben ihrer tiefen Weisheit auch die «chthonische, dunkle Welt der Triebe» in ihr und stellte bei einigen seiner Patienten, die ihre dunkle, weibliche Seite unterdrückten, fest, daß die Schlange plötzlich in deren Traumleben auftauchte und daß oft eine Beziehung zum Lebensbaum bestand. Da das Weibliche (das Gefühl) dem offenbarenden Aspekt der Schöpfung am nächsten kommt, ist es Eva (das Weibliche im Menschen), die zuerst von der Schlange verführt wird.

Die Schlange mag weise, klug oder schlau sein, sie zeigt immer Eigenschaften des Menschen selbst, die sich in seinem Geist widerspiegeln. Zwischen dem Bild der Welt als Schlange (Symbol der Vielfalt der Schöpfung) und dem Bild des menschlichen Geistes als Schlange besteht ein enger Bezug, der von den Sinnen geprägt wird. Sobald sich im Menschen die Begierde breitmacht, ist von der listigen Schlange die Rede und die Welt wird dualistisch betrachtet (Ich und die Welt). Fehlt die Begierde, offenbaren sich im Geist des Menschen Weisheit und Klugheit, und er fühlt sich mit Gott und der Welt in einer Einheit verbunden. Die Schlange, die sich außerhalb des Menschen (der Welt) befindet, ist im Grunde nichts anderes als eine Projektion des menschlichen Geistes. Der Charakter der Schlange wird von der An- oder Abwesenheit der Begierde bestimmt. Die Begierde ist daher die tatsächliche Verführerin und steht wie eine trennende Kraft zwischen

Gott, dem Menschen und der Welt. Sie ist die Frucht des Baumes der Erkenntnis von Gut und Böse. Die Frucht des Lebensbaumes kennt keine Begierde.

Der Baum, die Quelle und die Schlange
beziehungsweise der Drache

Es gibt zahllose Erzählungen, Märchen und Legenden, in denen eine Schlange oder ein (feuerspeiender) Drache in der Nähe einer Quelle und eines Baumes einen wertvollen Schatz bewacht (z.B. die Siegfriedsage, die Legende des heiligen Georg und der Mythos des heiligen Michael mit dem Drachen). In der persischen Mythologie wird die Quelle Ardvisur beim Baum Gokart (der weiße Haoma-Baum, dessen Früchte ewige Jugend spenden) von einer Schlange bewacht. Der Held Jason kann das an einer Eiche befestigte Goldene Vlies (das Symbol der geistigen Wiedergeburt) erst herunternehmen, nachdem er den zu Füßen des Baumes wachenden Drachen besiegt hat. Und Herakles vermochte die goldenen Äpfel aus dem Garten der Hesperiden erst zu erwerben, nachdem er die hundertköpfige Riesenschlange Ladon, die den Baum bewachte, getötet hatte.

Die Märchenprinzen, die die gefangene Prinzessin aus dem Turmzimmer des Schlosses befreien wollen und von einem feuerspeienden Drachen oder von einer bösen Schlange verschlungen werden, versinnbildlichen das geistige Streben des Menschen nach einer göttlichen Einheit des Männlichen und Weiblichen im Körper (dem Schloß oder der Burg). Der verschlingende Drache ist das Symbol der nach außen gerichteten sexuellen Energie, die den «Ritter» davon abhält, sich mit der Prinzessin (der Anima) zu vereinen. Oft ist es eine Zauberin (die mystische Intuition), zum Beispiel die Zauberin Medea bei Jason, die dem Helden das Geheimnis verrät, wie er den Drachen besiegen kann (wie er die nach außen gerichtete sexuelle Energie von der Quelle aus nach innen richten kann). Hierdurch wird der Zugang zur Burg und zum Turmzimmer (dem Scheitel-Chakra) geöffnet, und die Prinzessin kann befreit werden. Darauf folgt die bekannte (mystische) Hochzeit von Prinz und Prinzessin, denen ein langes und glückliches Leben beschert ist oder, anders ausgedrückt, die die Unsterblichkeit erlangen. In manchen Märchen fliegt der Held mit der Prinzessin auf dem Rükken des Drachen (dem Symbol der Beherrschung der sexuellen Energie) gen Himmel und verschwindet so aus der Sichtweite der Sterblichen…

Auch auf zahlreichen alchimistischen Abbildungen werden der Drache oder die Schlange als Symbol der sexuellen Energie, oft in der Nähe eines Lebensbaumes, dargestellt. Der auf einer Riesenschlange oder auf einem Drachen stehende Hermaphrodit mit den zwei Köpfen versinnbildlicht die gelungene alchimistische Hochzeit, die durch die Transformation der sexuellen Energie stattfinden konnte. Der Prozeß des Einheizens des alchimistischen Kessels oder Ofens (Athanor) und das Entfachen und Schüren des subtilen Feuers, das wie Wasser strömt, sind Metaphern für die Transformation der sexuellen Energie, aus der der Stein der Weisen und der Baum der Philosophen hervorgehen.

Yggdrasil, die Schlange Nidhöggr und der heilige Brunnen

In der *Edda* (dem «Wissen» der skandinavischen Völker) ist die Rede von der Weltesche Yggdrasil mit den drei Wurzeln, die drei Welten umfassen. Yggdrasil ist das Symbol des menschlichen Lebensbaumes. In der Krone (im Scheitel-Chakra) sitzt Odin, der Gott des Lichtes. Unter der ersten Wurzel der Esche wohnt die Schlange Nidhöggr, die unaufhörlich den Lebenssaft aufsaugt, damit dieser nicht durch den Stamm zur Krone aufsteigen kann, in der der Adler wohnt. Auch hier ist die Schlange das Sinnbild der sexuellen Begierde, die die Transformation der sexuellen Energie behindert, wodurch sich die Krone des Baumes nicht entfalten kann. Aus diesem Grund ist die Schlange auch der Feind des Adlers. Der Adler symbolisiert die höhere geistige Entwicklung des Menschen. Dem Eichhörnchen Ratatosk, das ständig am Stamm der Esche hinauf- und hinunterklettert (Symbol der auf- und absteigenden Lebensenergie), gelingt es nicht, die Botschaft des Adlers (die besagt, daß das Gehirn, insbesondere der Sitz Odins, oder die Epiphyse diese Energie für die Weiterentwicklung braucht) an die Schlange weiterzugeben. Hirsche und Ziegen (sie symbolisieren die tierischen Kräfte im Menschen) fressen von den Zweigen des Baumes. Unter der zweiten Wurzel, an der Quelle der Weisheit, wohnt der Riese Mimir. Er bewacht die Unterwelt, die Welt der Toten. Er symbolisiert die Erinnerung (vgl. französisch: *mémoire*) an vorhergehende Leben. Unter der dritten Wurzel wohnen die drei Schicksalsgöttinnen, die Nor-

86

nen: Urd, die den Lebensfaden (die Nabelschnur) spinnt, Werdandi, die den Lebensfaden mit einem anderen verknüpft (karmische Muster zu Lebzeiten), und Skuld, die den Lebensfaden (die «Silberkordel») beim Ableben durchtrennt. Sie bewachen den heiligen Brunnen, auf dem zwei Schwäne schwimmen. Der heilige Brunnen ist das Symbol der sexuellen Energie; die beiden Schwäne stehen für die beiden gereinigten Geschlechtsdrüsen (die Hoden des Mannes und die Eierstöcke der Frau). Die drei Nornen versinnbildlichen die drei unteren Chakras des menschlichen Lebensbaumes (Wurzel-Chakra, Milz-Chakra, Nabel-Chakra), die mit der sexuellen Energie und mit der Erinnerung an vorhergehende Leben zusammenhängen. Unbewußt zeichnet der Mensch sein eigenes Schicksal, webt den Lebensfaden und durchtrennt ihn aufgrund seines Lebenswandels.[5]

Die verbotenen Früchte am Baum

Zur Zeit der Tempelmysterien wurde gelehrt, daß der Prozeß der menschlichen Fortpflanzung von kosmischen Gesetzen bestimmt werde. Geschlechtsverkehr diente ausschließlich der Fortpflanzung und nicht dem Vergnügen. Die Ehe war heilig, und bei der Empfängnis spielten metaphysische und astrologische Erkenntnisse (z.B. der Stand des Mondes) eine Rolle. Die jungfräuliche Geburt oder unbefleckte Empfängnis, von der so viele Mythen berichten, bezieht sich auf die Empfängnis ohne Leidenschaft, die hohe Inkarnationen anzieht. Die Frauen wurden in die Mysterien der Muttergöttin eingeweiht. Ihnen wurde das Wissen um die Führung eines reinen sexuellen Lebens und um das schmerzlose Gebären von Kindern vermittelt. Alle großen Eingeweihten lehrten dieses Wissen in ihren Schulen. Die Eigenschaften der Nachkommen wurden vom Bewußtseinszustand und von der Reinheit von Körper und Geist bestimmt, ein Thema, das bereits in der *Bhagavad-Gītā* (I, 40) anklingt. Der moderne Mensch mit seinen gigantischen Problemen im sexuellen Bereich (Aids, Pornographie, Inzest, Mädchenhandel usw.) ist von diesem Gedanken weit entfernt.

Die verbotene Frucht des Baumes der Erkenntnis verweist allegorisch auf das Mysterium der Sexualität. Die Schlange, die den Menschen zum Verzehr der Frucht verführen will, ist das Symbol für den «langen» Weg, den der

Mensch gehen kann, den Weg, von dem Jahwe Elohim sagt, daß er zum Tod führen wird. Die Schlange aber sagt zu Eva, daß diese nicht sterben werde, sondern daß ihr «die Augen aufgehen» würden. Beide Behauptungen sind richtig. Wenn man öfters von den verbotenen Früchten ißt, öffnet sich im Bewußtsein der Weg der Dualitäten, der Gang durch die Wüste. Auf diesem «langen» Weg wird das Rad von Geburt, Krankheit, Leid, Altern, Tod und Wiedergeburt durch das unwissende und begierige Ich in Bewegung gesetzt. Damit kommt das karmische Gesetz (das Gesetz von Ursache und Folge) zum Tragen. Der Mensch erntet, was er gesät hat. Obwohl sein Körper immer aufs neue stirbt (vgl. die Behauptung von Jahwe Elohim), stirbt sein Wesen, das Selbst, das Ātman, niemals (vgl. die Behauptung der Schlange). Als Sterblicher ist er unsterblich.

Das erkennende Selbst ist nicht geboren und stirbt nicht. Es ist aus nichts entstanden, und nichts entstand aus Ihm. Geburtslos, ewig dauernd, wird es nicht getötet, wenn der Körper getötet wird.[6]

Katha-Upanishad, II, 18

Der Verzehr der Früchte des Baumes der Erkenntnis von Gut und Böse bewirkt eine Entfernung von der göttlichen Quelle und verursacht auf allen Ebenen Vereinzelung und Elend. Das Ergebnis von Gedanken, Worten und Werken zwingt die vom Ego produzierte Bewußtseinsenergie dazu, sich durch die Vielfalt von Formen hindurch zu offenbaren. Der Verzehr der Früchte des Lebensbaumes dagegen bewirkt eine Vervollkommnung des Menschen, da der Lebensbaum mit der göttlichen Quelle des Lebens verbunden ist. Dies ist der «kurze» Weg zur Gottesverwirklichung.

Wenn die kosmischen Gesetze der Fortpflanzung mißachtet werden und die sexuelle Energie in zunehmendem Maße zum Vergnügen dient, wird die Harmonie im menschlichen Lebensbaum grundlegend gestört. Die Quelle des Lebens kann die Krone des Baumes und die darin befindlichen lebenswichtigen Organe wie Epiphyse, Hypophyse und Thalamus nicht mehr mit Lebenselixier versehen. Dadurch findet im Thalamus die Trennung zwischen der männlichen und der weiblichen Schlange statt. Der Thron Gottes (Epiphyse) stürzt ein (atrophiert). Seine Funktion wird von einem «Statthalter» übernommen, von der Hypophyse, die statt Weisheit und Intelligenz nur Wissen (dualistisches Denken) hervorbringen kann. Das Auge der Weisheit, die Leuchte des Körpers, schließt sich, und die Welt wird künftig mit Hilfe der beiden gewöhnlichen Augen wahrgenommen («die Augen werden euch aufgehen»). Der Mensch wird zum «sehenden Blinden». Das Licht des siebenarmigen Leuchters (Menora) erlischt. Die «Lichter» werden umgedreht: die Chakras drehen sich jetzt entgegen dem Lauf der Sonne. Die Funktionen der «linken Seite» (der weiblichen) werden von der «rechten Seite» (der männlichen) übernommen: weibliche Weisheit wird zum männlichen Intellekt, und männliche Weisheit verwandelt sich in schwache weibliche Intuition. Der Mensch verliert das schöpferische Wort und damit seine Herrschaft über die Natur. Das «feurige Wasser» der Schlange Kundalinī kann den Stamm des Lebensbaumes, die Säule in der Mitte (Sushumnā), nicht mehr durchströmen. Kundalinī zieht sich zurück in «Shivas Höhle» (in unmittelbarer Nähe des Kreuzbeines), an den Ort, an dem mit der Heilung der inneren Hochzeit begonnen werden muß. In den ägyptischen Mysterien gilt diese Stelle als die «Djed-Säule», die ein Überbleibsel des «Baumes von Osiris» ist. Idā und Pingalā übernehmen jetzt die Funktion von Sushumnā, aber sie können nur die Hypophyse nähren und nicht die Epiphyse, wodurch sie zu zwei Mördern im Gehirn (Golgotha) werden, die ausschließlich die Erkenntnis von Gut und Böse (der gute und der schlechte Mörder) vermitteln können. Der Lebensbaum (der Sonnenbaum) verdorrt, und der Baum der Erkenntnis von Gut und Böse (der Mondbaum) wächst empor.

Helena P. Blavatsky verweist im zweiten Teil ihrer *Geheimlehre* mehrmals auf das Drama des Sündenfalls, das eng mit dem Mißbrauch der «Lebens-Essenz» zusammenhängt, durch den der Mensch «den Fluch des Karma» über sich verhängte. Auch Max Heindel, der Begründer der «Rosenkreuzer-Gemeinschaft», erwähnt in seinen Werken *Die Weltanschauung der Rosenkreuzer* und *Die Botschaft der Sterne*, welch verheerende Folgen es für die Menschheit hatte, daß der Geschlechtsakt (und damit die Fortpflanzung) immer öfter ohne Berücksichtigung der Planetenkonstellationen vollzogen wurde. Dadurch hielt der Tod seinen Einzug, und die Frau mußte ihre Kinder künftig unter Schmerzen gebären.

Shrī Yukteshvar, der Lehrer von Paramahansa Yogananda, sagt über den Sündenfall des Menschen:

Der Baum des Nervensystems trägt viele genießbare Früchte, nämlich die Sinneswahrnehmungen (Gesicht, Gehör, Geruch, Geschmack und Tastsinn). Diese darf der Mensch rechtmäßig genießen; doch der Geschlechtsgenuß, die «Frucht» in der Mitte des Körpers («mitten im Garten») wurde ihm untersagt. Die «Schlange» ist die zusammengerollte Energie am Ende des Rückgrats, welche die Geschlechtsnerven anregt. «Adam» ist die Vernunft und «Eva» das Gefühl. Wenn das Gefühl (das Eva-Bewußtsein) des Menschen von sexuellen Impulsen beherrscht wird, kapituliert auch seine Vernunft «Adam».[7]

In der Deutung von Shrī Yukteshvar wurden Adam und Eva sich durch den Verzehr der verbotenen Frucht ihrer Nacktheit bewußt. Sie verloren ihr Bewußtsein der Unsterblichkeit und mußten sich dem physischen Gesetz von Geburt und Tod (der dualistischen Māyā-Welt) unterordnen. In Kapitel 71 des Evangeliums nach Philippus heißt es:

Als Eva noch in Adam war, gab es keinen Tod. Als sie sich von ihm trennte, entstand der Tod. Wenn sie wieder in ihn hineingeht und er sie zu sich nimmt, wird es keinen Tod mehr geben.[8]

Der Feigenbaum

Das Feigenblatt

Vor dem Sündenfall schämten sich Adam und Eva nicht ihrer Nacktheit, nach dem Sündenfall bedeckten sie ihre Scham mit einem Feigenblatt. Daraus läßt sich die Schlußfolgerung ziehen, daß der Baum der Erkenntnis von Gut und Böse wahrscheinlich ein Feigenbaum war, auch wenn die Volksmythologie den verbotenen Baum als Apfelbaum und die verbotene Frucht als Apfel darstellt. Der Apfel und die Feige sind in vielen Mythen und Märchen ein Symbol für das Erwachen von Begierde, Sinnlichkeit und Sexualität. Als Persephone vom Granatapfel aß, gab sie sich damit dem Tod, der Welt des Hades, hin. Das lateinische Wort für Apfel heißt *malum* und ist verwandt mit *malus*, dem Begriff für «böse».

In dem Gemälde «Adam und Eva» des Renaissancemalers Tizian berührt Adam Evas rechte Brust, während diese in einer anmutigen Haltung mit der linken Hand die verbotene Frucht (einen Apfel) pflückt. Über ihrem Kopf windet sich eine Schlange, die den Kopf einer Putte hat. Feigenblätter bedecken die Geschlechtsorgane von Adam und Eva (Abb. 10).

Das hebräische Wort *téénah* meint sowohl «Feigenbaum» als auch «Begierde». Das hebräische *aléh* hat die Bedeutungen «Blatt», «hochbringen» oder «zunehmen». So gesehen,

Abb. 10   Tizian, «Adam und Eva»

verweist das Bedecken der Geschlechtsorgane mit einem
Feigenblatt nicht in erster Linie auf Scham, sondern auf
eine Steigerung der (sexuellen) Begierde unter Einbezie-
hung aller Sinne.

Das griechische Verb *sykadzein* bedeutet nicht nur «Ern-

94

ten von Feigen», sondern auch «fühlen», «erkunden», womit gemeint ist: fühlen, ob die Feigen schon reif sind. Damit ist auch das Befühlen oder Betasten des Hodensacks oder der Schamlippen angesprochen. In vielen Sprachen entwickelte sich die Feige zum Symbol für die Geschlechtsorgane, die nicht selten buchstäblich als herrliche Frucht betrachtet werden. (Das italienische Wort *fica* bedeutet sowohl «Feige» als auch «Schamlippe»). In der Medizin kennt man das Wort «Feigwarze»: eine warzenartige Hautwucherung, die sich an den Geschlechtsteilen entwickelt.

Der Apfel wird vor allem mit dem Busen und dem gewölbten Bauch der Frau in Zusammenhang gebracht. Das Wort «Adamsapfel» verweist auf die Beziehung zwischen der wachsenden sexuellen Begierde und dem Verlust des schöpferischen Wortes.

Der Feigenbaum verdorrt: der Buddha und Jesus

Wenn der Verzehr der verbotenen Frucht (eines Apfels oder einer Feige) die Hingabe an die erwachte Sexualität zwischen Mann und Frau symbolisiert und wenn die Schlange in diesem Zusammenhang für die erwachende Begierde des Denkens und der Sinne steht, dann können wir die Darstellung des Lebensbaumes und des Baumes der Erkenntnis von Gut und Böse in einem einzigen Baum in vollem Umfang verstehen.

Unwissenheit und Begierde bilden die Kernpunkte der

Abb. 11 Die Verehrung des Bodhi-Baumes von Kassapa-
Buddha, dem dritten der fünf Buddhas dieses Zeitalters
(Bharut, ca. 150 v. Chr.)

menschlichen Tragödie. Darüber sprach bereits der Buddha in seinen Vier Edlen Wahrheiten. Das Leben des Buddha war von Anfang an mit dem Lebensbaum verbunden. Bei seiner Geburt im Lumbinī-Hain hielt sich seine Mutter, Königin Maya, an einem Zweig der *sacra indica*, einem wundervollen Baum mit hellroten, herrlich duftenden Blüten, fest. Als Kind erlebte der Buddha seine erste mystische Erfahrung unter dem Jambu-Baum. Die Erleuchtung wurde ihm zuteil, nachdem er neunundvierzig Tage unter dem Ashvattha, dem heiligen Feigenbaum Indiens (auch «Ficus religiosa» genannt), in Uruvela meditiert hatte. Kurz vor seiner Erleuchtung ließ er den Baum der Erkenntnis von Gut und Böse «vertrocknen». Dies wird symbolisiert durch Māra, der den Buddha unter anderem mit seinen schönen nackten Töchtern zu verführen versuchte, während dieser unter dem Ashvattha in Meditation versunken war.

Māra (Sanskrit: Mörder oder Zerstörer) symbolisiert die Begierde, die den Menschen im Rad von Samsāra (dem Kreislauf von Geburt, Krankheit, Leid, Alter, Tod und Wiedergeburt) gefangenhält. Nachdem er vierzig Jahre lang gelehrt hatte, starb der Buddha unter einem Baum im Sala-Wald von Kusinara. In der buddhistischen Bildhauerkunst wird oft nur der Bodhi-Baum (der Baum der Erleuchtung) abgebildet, um auf diese Weise jede Art von Dualität (der Buddha und der Baum) zu vermeiden (Abb. 11). Wenn alle Begierden erloschen sind, gibt es nur noch *einen* Lebensbaum, *ein* Leben, *ein* unnennbares Nibbana (Nirvāna).

Abb. 12   Tsongkhapa in der Mitte des Lebensbaumes
(tibetischer Thangka, Anfang des 19. Jahrhunderts)

Das Motiv des Lebensbaumes ist auch im tibetischen Buddhismus weit verbreitet. Auf einem Thangka (einem Rollgemälde mit überwiegend buddhistischen Motiven) sehen wir zum Beispiel Tsongkhapa (1357–1419), den Begründer des Ordens der Gelbmützen, mitten im Lebensbaum und umringt von Buddhas, Bodhisattvas, Göttern, Mönchen und Anhängern (Abb. 12).

Der Lebensbaum schenkt dem Menschen die Früchte, die zur Gottesverwirklichung führen und symbolisiert die Beziehung zwischen Himmel und Erde, zwischen Gott und dem Menschen (zwischen Scheitel- und Wurzel-Chakra). Eine einzige Frucht des Lebensbaumes jedoch ist verboten. Sie scheint die begehrenswerteste überhaupt zu sein, doch letztendlich bewirkt sie nur Leid. Man glaubt, sie sei die Frucht der Freude, des Spaßes und des Vergnügens, aber in Wirklichkeit ist sie die Frucht, die die wahre Freude und das wahre Glück verkümmern läßt, die, wenn sie verzehrt wird, den Lebensbaum in einen Baum der Erkenntnis von Gut und Böse spaltet. Deshalb wird vor ihr gewarnt. Die Mißachtung dieser Warnung, das heißt der Verzehr der verbotenen Frucht, zerstört die Urbeziehung zwischen Himmel und Erde und trennt den Menschen von seiner göttlichen Quelle. Wenn der Baum des Lebens verdorrt, wächst der Baum der Erkenntnis von Gut und Böse empor. Deshalb verflucht Jesus den Feigenbaum in Bethanien und läßt ihn «verdorren». Dieser Baum tarnt sich als Lebensbaum, doch er ist im Grunde der Baum der Jahreszeiten, der Baum der Erkenntnis. Da er nur irdische Früchte trägt, ist er nicht in der Lage, den geistigen Hunger des Menschen zu stillen (vgl. Matth. 21,18–20). Wenn der menschliche Lebensbaum keine Früchte mehr trägt, so wie der unfruchtbare Feigenbaum im Weinberg (im Körper), ist es besser, diesen Baum (der Erkenntnis) umzuhauen, wie es in einem Gleichnis Jesu heißt (Luk. 13, 6–9).

Der umgekehrte Feigenbaum

In der *Bhagavad-Gītā* (XV, 1–4) ist von einem umgekehrten Feigenbaum, dem Banyan, die Rede. Seine Zweige wachsen sowohl nach oben als auch nach unten. Die Zweige werden mit den Sinnesobjekten verglichen. Manche Wurzeln wachsen nach unten, ein Symbol für das selbstsüchtige Streben des Menschen. In der *Bhagadva-Gītā* heißt es, daß man «nicht End' noch Anfang» des Baumes sehen könne und daß er «durch der Entsagung hartes Schwert» gefällt werden solle, wodurch der Mensch sich wieder mit Krishna, dem Herrn, vereinen könne. Die Luftwurzeln des Banyan bilden immer wieder neue Triebe. Der Banyan ist der Baum der endlosen Begierde, der Baum der Erkenntnis von Gut und Böse, der unaufhörlich Wurzeln treibt, weil der Mensch sich durch die Sinne mit den Sinnesobjekten identifiziert und so der Welt der Gestaltungen verhaftet bleibt. Dadurch bleibt der Mensch auch ans Rad von Samsāra gebunden, was ihn wiederum zu zahllosen Wiedergeburten in unterschiedlichen Gestalten und an unterschiedlichen Orten im stofflichen Universum (dem Banyan) zwingt. Erst wenn er die Wurzel der Unwissenheit mit dem Schwert der Entsagung und dem Wissen der Veden durchtrennt hat, kann sich der heilige Feigenbaum, der Ficus religiosa, unter dem der Buddha seine Erleuchtung erlangte, in ihm erheben.

Betrachtungen

Denn ihr habt fünf Bäume im Paradies,
die sich weder Sommer noch Winter bewegen
und deren Blätter nicht abfallen.
Wer sie erkennt,
wird den Tod nicht schmecken.[9]

Das Thomas-Evangelium, Logion 19

Der ursprüngliche Mensch besaß fünf geistige Sinne (die
fünf Bäume im Paradies), mit denen er die Welt erkunden
konnte. In der Parabelsprache werden sie «die fünf weisen
Jungfrauen» genannt, die dafür sorgen, daß immer genügend Öl (Lebenselixier) in der Lampe (im Körper) ist.
Sobald die fünf Bäume (die geistigen Sinne) von Begierden getroffen werden, fallen die Blätter ab und die Bäume
verwandeln sich in die fünf Bäume der Erkenntnis (die
stofflichen Sinne). Wo Begierde ist, gibt es ein Anhaften,
und wo Anhaften vorherrscht, dort entstehen Untugen-
den. Sobald sich der Mensch mit seinem Körper und mit
der Welt identifiziert, haftet er an seinen Sinnen. Seine
Begierden werden zu Pferden, die die Kutsche (den Körper) immer wieder zum Abgrund führen (Tod und Wiedergeburt), weil der Kutscher eingeschlafen und somit unwissend ist.

Die fünf Farben machen das Auge blind;
die fünf Töne machen das Ohr taub;
die fünf Geschmacksarten machen den Gaumen
    unempfindlich;
Rennen und Jagen machen den Geist verrückt;
schwer zu erlangende Güter verwirren das Herz.[10]

Tao-Te-King, Kapitel 12

Erst wenn gelangt zum Stillstande
Mit den fünf Sinnen Manas ist,
Und unbeweglich steht Buddhi,
Das nennen sie den höchsten Gang.[11]

Kāthaka-Upanishad, VI, 10

Wenn alle Leidenschaft schwindet,
Die nistet in des Menschen Herz,
Dann wird, wer sterblich, unsterblich,
Hier schon erlangt das Brahman er.[12]

Kāthaka-Upanishad VI, 14

Zwei Vögel, eng befreundet, umkreisen denselben
Baum. Der eine von ihnen ißt die süße Pippalafrucht;
ohne zu essen, schaut der andere herab. Auf demselben
Baum hat der Purusha (die Einzelseele) sich nieder-
gelassen und klang in seiner Verwirrung ob seiner Ohn-
macht. Aber wenn er den anderen (die Weltseele) als ihm

erwünschten Herrscher sieht und dessen Hoheit, dann weicht sein Kummer.

Wenn er sehenden Auges den goldfarbenen Ursacher, den Herrscher, den Purusha sieht, den Ursprung des Brahman, dann schüttelt er kundig Verdienst und Sünde ab, und frei von Fehl geht er zur höchsten Gemeinschaft ein...[13]

Mundaka-Upanishad III, 1,1–3

Es wachsen zwei Bäume im Paradies. Der eine macht zu einem Tier, wenn man von ihm ißt, der andere zu einem Menschen. Adam aß von dem Baum, der zum Tier macht. Daher wurde er zum Tier und brachte selbst Tiere hervor.[14]

Das Evangelium nach Philippus

Das Böse: Schlagschatten der Unwissenheit

Die Urtragödie der Erkenntnis von Gut und Böse steht in enger Beziehung zum Mysterium der Sexualität. Unwissend, aber dennoch vorgewarnt, aß der Mensch die verbotene Frucht und öffnete damit die Büchse der Pandora, die entsetzliche Katastrophen über die Welt gebracht hat: Kriege, Gewalt, Rassismus, Hungersnöte, Millionen von Flüchtlingen, Kernspaltung, Umweltzerstörung, Manipulation und Entheiligung des Lebens, Seuchen.

Nicht die *Erkenntnis* von Gut und Böse ist dabei das Problem, sondern die *fehlende Beherrschung* der Erkenntnis von Gut und Böse. Daß der Baum der Erkenntnis von Gut und Böse zwei Aspekte des Lebensbaumes zum Ausdruck bringt, deutet darauf hin, daß das Böse nicht substantiell, sondern partiell ist. Sobald der Mensch sich von der Einheit abwendet, entsteht die Zweiheit, die Dualität, die er, aus Mangel an Einheit in seinem Bewußtsein, nicht überblicken kann. Das Böse ist die Kehrseite des Guten. Es entsteht, wenn sich das Gute im Menschen nicht im Gleichgewicht befindet. Das Böse, Teuflische, Satanische ist die reife Frucht des vom Geist der Begierde vollkommen irregeführten Ego. Es offenbart sich, wenn der Mensch die ursprüngliche Spannung zwischen Gut und Böse in seinem eigenen Lebensbaum zerstört. Das Essen der verbotenen Frucht ist der erste in der Reihe aller Fehler. Zu jedem Schöpfungstag wiederholt Genesis 1:

«Gott sah, daß es gut war.» Erst am sechsten Tag wird das, was Gott in Güte erschaffen hat, durch den Sündenfall des Menschen in Gut und Böse gespalten.

Wie traumatisch das Böse auch sein kann, welche geradezu dämonischen Formen es auch annehmen mag (z.B. Völkermord, Folter, Konzentrationslager, Inquisition), es ist niemals durch Gott verursacht worden, sondern durch die abgrundtiefe Unwissenheit des Menschen. Unwissenheit über seinen wirklichen Ursprung; Unwissenheit über seine göttliche Herkunft; Unwissenheit über sein Lebensziel. Es ist falsch, anzunehmen, Gott habe das Böse erschaffen oder es stamme von ihm. In Gott befindet sich die Urpolarität von Gut und Böse – und die aller anderen Polaritäten – in vollkommener Harmonie (der kosmische Lebensbaum). Diese Harmonie ist vollkommene Liebe und Schönheit. Gut und Böse sind energetische Felder, die sich, obwohl entgegengesetzt, in der rechten Mitte in vollkommener Ruhe befinden, so wie das Atom, das noch nicht gespalten wurde. Die wirkliche «Antwort auf Hiob» (und damit an C. G. Jung, der die *Antwort auf Hiob* verfaßte) kann nur aus der Erkenntnis der Zerstörung des inneren Gleichgewichts heraus gegeben werden. Das grauenvolle Antlitz des Bösen, der Schatten des noch nicht erfüllten «Allguten» (Platon), offenbart sich nur, wenn der Mensch von der Frucht der Dualität ißt. In der Evolution des Menschen ist das Böse nur ein vorübergehendes Phänomen. Es ist der Schlagschatten der Unwissenheit, der irgendwann in der Mittagssonne der absoluten Weisheit und des absoluten Wissens verschwinden wird. Die Eschatologie einer jeden großen Religion besagt zweifelsfrei, daß das Böse letztendlich besiegt werden wird. Im Unbewußten des menschlichen Geistes verbirgt sich das tiefe Wissen davon, daß das Böse ein befristetes Phänomen ohne wirkliche Daseinsberechtigung ist.

Der Sündenfall ist ein Beispiel für das Verfehlen eines Zieles. Das lateinische Wort für Sünde, *peccatum*, wurde vom hebräischen *chatat* entlehnt, das soviel bedeutet wie «das Ziel verfehlen». Indem er vom Baum der Erkenntnis von Gut und Böse aß, konnte der Mensch am Anfang seine eigentliche Bestimmung, die Gottesverwirklichung, nicht erreichen. Er traf die falsche Wahl. Er entschied sich für den langen Weg der Evolution, für den Gang durch die Wüste, für den schmerzvollen Einweihungsweg des Rades der Dualitäten. Trotzdem wird auch dieser Weg ihn schließlich, ebenso wie der kurze Weg, zum «Abbild Gottes» machen. Das hatte die kluge Schlange schon vorhergesehen. Der lange Weg war eine Möglichkeit, aber *keine Notwendigkeit* des Schöpfungsplans. (In der christlichen Mythologie unterscheidet man gefallene und nichtgefallene Engel!) Nicht umsonst ist die Schlange ein Geschöpf Gottes, klug und listig zugleich – Symbol für den Menschen, der vom Himmel spricht, sich aber von seinen Trieben lenken läßt und dadurch nur der Welt dient. So betrügt sich der Mensch jeden Tag aufs neue. Einem nimmersatten Vogel gleich, fliegt er von Baum zu Baum (von Körper zu Körper), von Ast zu Ast (von Erfahrung zu Erfahrung), bis er den Baum der Begierde in sich selbst mitsamt den Wurzeln ausrottet und das Eine erfährt. Es gibt nur das Eine. Es gibt nur das Selbst, es gibt kein eigenes «Selbst». Wohin wir auch fliegen, das Selbst ist unser Freund, ohne jegliche Begierde, der Gipfel von Weisheit und Liebe. Das Ich ist der Vogel der Illusion.

Warum sollte man im Wald wilde Früchte suchen, wenn im Hof ein Baum wächst, der alle Wünsche erfüllen kann?[15]

Sathya Sai Baba

Die Verfluchung

Unmittelbar nachdem Adam und Eva von der verbotenen Frucht gegessen haben, offenbart sich die Dualität. Sie fühlen sich nicht länger miteinander, mit der Natur und mit Gott vereint. Sie verbergen sich vor Gott und sind sich in jeder Hinsicht ihrer Nacktheit bewußt. Ihr Bewußtsein erfährt das Göttliche nicht mehr auf direkte Weise. Als Gott sie zur Verantwortung zieht, gibt die Vernunft (Adam) dem Gefühl (Eva) und dieses wiederum der Begierde (der Schlange) die Schuld. Der Sündenfall wird somit Gott angelastet, denn Gott hat die Schlange erschaffen. Die Eigenverantwortung wird nicht akzeptiert. Über die Warnung, die Gott aussprach, wird kein Wort mehr verloren.

Durch die darauffolgende «Verfluchung» tritt das Gesetz von Karma und Wiedergeburt, symbolisiert durch die «Strafe» von Jahwe Elohim (Gen. 3,14–19), in Kraft. Die «Verfluchung» erfolgt in umgekehrter Reihenfolge: künftig wird Feindschaft herrschen zwischen der Begierde (der Schlange) und dem Gefühl (Eva), zwischen dem, was aus der Begierde hervorgeht (der Brut der Schlange), und dem, was aus dem Gefühl hervorgeht (dem Nachwuchs Evas). Die Schwangerschaft wird der Frau Mühsal bereiten, und sie wird ihre Kinder unter Schmerzen gebären müssen (weil gegen die kosmischen Schöpfungsgesetze verstoßen wurde). Zwischen Mann und Frau wird die

Begierde herrschen (bis die geistige Hochzeit stattgefunden hat), und die Erde (die für den Menschen als Übungsstätte gedacht ist) wird sich jedesmal gegen den Menschen wenden, wenn dieser, von unersättlichem Verlangen getrieben, ihre Schätze plündert und feilbietet.

Der lahme Mensch

Die Feindschaft zwischen der Schlange und der Frau bedroht die Ferse des Menschen und den Kopf der Schlange, so heißt es in Genesis 3,15. Der Mensch wird künftig lahm durchs Leben gehen. Unwissenheit und Begierde (die Schlange) verhindern, daß er den richtigen Mittelweg gehen kann. Es hat den Anschein, als würde er aufrecht durchs Leben gehen, doch in Wirklichkeit behindert ihn eine schwere Verletzung am Fuß, an der Ferse. Und er weiß das. Bewußt oder unbewußt. Der Sündenfall hat ihn aus dem Gleichgewicht gebracht, und seitdem geht er als Lahmer durchs Leben. (Jesus hat viele Lahme geheilt.)

Ödipus (griechisch für Schwellfuß) hinkte, weil ein Hirte ihm im Auftrag von Ödipus' Vater Laios die Sehnen durchtrennt hatte. König Laios wollte dadurch verhindern, daß Ödipus ihn, wie das Orakel von Delphi vorausgesagt hatte, ermordete. Eurydike wurde am Tag ihrer Hochzeit von einer Schlange in die Ferse gebissen. Der unverwundbare Held Achilles hatte eine einzige verletzliche Stelle, die Achillesferse. Und sogar der weise Kentaur (halb Pferd, halb Mensch) Chiron, der für sein Wissen über Musik und Heilkunst berühmt war und Achilles, Jason und Asklepios unterrichtet hatte, mußte mit einer unheilbaren Fußwunde leben.

Der Fuß ist das Symbol unseres Lebenswandels. Manche alten Völker kannten den Brauch, den Fuß desjenigen, den man psychisch oder physisch verletzt hatte, festzuhalten. Es war eine Geste der Entschuldigung. Auf der Fußsohle befinden sich einige Druckstellen oder Reflexzonen, die mit entsprechenden Zonen im gesamten Körper in Verbindung stehen. Einige dieser Druckstellen, die auch in der Akupunktur und in der Reflexzonenmassage bedeutsam sind, stimmen mit dem menschlichen Lebensbaum überein. An der Ferse befindet sich eine Druckstelle, die die Energie im Stamm des Lebensbaumes regenerieren kann, wenn der Mensch bereit ist, einen anderen Lebensweg einzuschlagen. Wenn Jesus die Füße seiner Jünger wäscht, regeneriert er die Energie im Stamm ihres Lebensbaumes. Der Lehrer ist gleichzeitig Diener. Jesus sagt: «Wer vom Bad kommt, ist ganz rein und braucht sich nur noch die Füße zu waschen» (Joh. 13,10). Wenn wir uns innerlich reinigen, ein «geistiges Bad» nehmen, werden wir rein. Nur die Füße müssen dann noch zusätzlich gewaschen werden. Jesus lehrt seine Jünger auch, sich gegenseitig die Füße zu waschen.

In Indien kennt man den Brauch, die Füße eines Heiligen oder Avatāra zu berühren. Deren Füße verbreiten eine große reinigende Energie, die vom menschlichen Lebensbaum absorbiert werden kann. So werden zum Beispiel die Füße Krishnas, auf denen eine Muschel (Symbol des göttlichen Urtons AUM) und ein Diskus (Symbol des Rades der Zeit) abgebildet sind, verehrt.

Im Buddhismus gibt es die Buddhapada, Steinskulpturen mit Fußabdrücken des Buddha, auf denen unterschiedliche Symbole aus dem Leben des Buddha abgebildet sind (z. B. der Elefant, die Lotosblüte, das Rad der Wahrheit und der Lebensbaum), oft zusammen mit den Buddhas, die vor Gautama Buddha gelebt haben. Ein Beispiel eines solchen Buddhapada findet man in Bodh-Gayā, wo der Buddha seine Erleuchtung erlangte.

Häufiges Verstauchen oder Verrenken der Füße kann ein Hinweis auf einen unausgeglichenen Lebenswandel sein. Erst wenn Himmel und Erde im Menschen in Harmonie sind, geht der Mensch in Gott, so wie es Hermes mit seinem Flügelhelm und seinen Flügelschuhen symbolisiert. Hermes ist so leichtfüßig, weil er sich ein wenig von der Erde abgehoben hat. Keine Schlange kann seine Ferse bedrohen, denn die beiden Schlangen um seinen Kaduzeus befinden sich in vollkommener Harmonie.

Die Cherubinen und das
flammende Schwert

Das *Wissen* um Gut und Böse verleiht dem Menschen Ähnlichkeit mit Jahwe Gott (Gen. 3,22), aber erst die *Beherrschung* dieses Wissens läßt ihn wirklich göttlich werden. Weil der Mensch die verbotene Frucht des Baumes der Erkenntnis von Gut und Böse gegessen hat, fügt er sich dem Gesetz von Māyā und wird dadurch der Form nach sterblich. Unter diesen Umständen wäre es fatal, vom Lebensbaum zu essen. Der Gang durch die Gestaltungen des Lebens würde ewig dauern. Eine solche Ewigkeit wäre wirklich schrecklich. Deshalb stellte Jahwe Gott «im Osten des Gartens von Eden» die Cherubinen mit dem flammenden, herumwirbelnden Schwert auf. Sie sollen den Lebensbaum bewachen. Wer vom Baum der Erkenntnis von Gut und Böse ißt, zwingt sich selbst dazu, den langen Weg der Erfahrung mit der Dualität zurückzulegen. Durch diese Erfahrung reift das Verlangen nach Rückkehr zum Lebensbaum und seinen Früchten. Ein solcher Mensch wird reif für den kurzen Weg.

Der Sündenfall hat den «inneren Osten» vorübergehend blockiert. Das bedeutet, daß die Verbindung mit dem schöpferischen Wort, das sich im Adamsapfel (dem Zugang zum Paradies) befindet, zeitweilig unterbrochen ist. Das flammende, umherkreisende Schwert ist ein Symbol für den zukünftigen, allgegenwärtigen göttlichen Hermaphroditen, der das schöpferische Wort wiedererlangt und

Abb. 13   Cherub aus Elfenbein (Stadt Samaria, ca. 800 v. Chr.)

sich mit der göttlichen Quelle wieder vereint hat. Der
Cherub hält das flammende Schwert fest: der Mensch hat
seine Zukunft selbst in der Hand.

Über den Cherub ist viel geschrieben und spekuliert
worden. Im Alten Testament taucht dieses Mysterienwesen
regelmäßig auf (siehe u.a. 1. Kön. 6,23–35; 7,36; Ez.
41,18; Ex. 25,18–22). Oft ist der Cherub der Bewacher des
«Allerheiligsten» oder von «Gottes Thron».

Der amerikanische Archäologe W. F. Albright (bekannt
für seine Interpretationen der Schriftrollen vom Toten
Meer) befaßte sich mit der Gestalt des Cherubs anläßlich
des archäologischen Fundes eines Cherubinenpaares, das

den Thron König Hirams von Byblos stützte (ca. 1200 v. Chr.). Zu unserem Erstaunen sehen wir eine große Ähnlichkeit mit der Sphinx (Abb. 13). Der Cherub ist ein Mysterienwesen mit dem Körper eines Löwen, zwei großen Flügeln und einem menschlichen Gesicht. Er gehört in die Reihe der mythologischen Gestalten wie Sphinx, Phönix, Greif, Kentaur, Minotauros und der assyrische Stier (mit fünf Pfoten, den Flügeln eines Adlers und dem Kopf eines Menschen). Das griechische Wort *grups* (Greif) ist übrigens eng mit dem Wort *cherub* verwandt. Der Cherub symbolisiert den Übergang von der tierischen Phase im Menschen (Löwe und «Röcke aus Fellen») zur menschlichen Phase (menschliches Antlitz) und von der menschlichen Phase zur Vergöttlichung (die beiden Flügel).

Der Cherub ist zu Recht der Bewacher des Lebensbaumes. Er verhindert, daß wir zu früh von dessen Früchten essen. Er bewacht den Thron Gottes (Epiphyse). Erst wenn das Tier im Menschen transformiert worden ist, ist der Weg zum Lebensbaum für immer frei. Was übrigbleibt, ist das flammende, umherkreisende Schwert mit zwei Schneiden: der göttliche Hermaphrodit, der über das Wissen von Gut und Böse verfügt und die unterbrochene Urspannung wiederhergestellt hat.

Der kurze Weg zur Gottesverwirklichung: das Zölibat

Der kurze Weg zur Gottesverwirklichung, zum «Königreich der Himmel», ist der Weg des Zölibats, wobei die sexuelle Energie dazu dient, den Lebensbaum wieder aufblühen zu lassen. Der Weg eignet sich für jene, die auf die Sexualität verzichten können und ihre sexuelle Energie auf natürliche Weise transformieren wollen. Jesus verschleierte dieses Geheimnis, als er sagte: «Manche sind von Geburt an zur Ehe unfähig, manche sind von den Menschen dazu gemacht, und manche haben sich selbst dazu gemacht – um des Himmelreichs willen. Wer das erfassen kann, der erfasse es» (Matth. 19,12). Gemeint ist hier natürlich nicht die tatsächliche Kastration (das Entfernen der Geschlechtsdrüsen). Es geht um die Transformation der sexuellen Energie zugunsten der Gottesverwirklichung, wobei gerade die Energie der Geschlechtsdrüsen dazu dient, sich über das Männliche und das Weibliche zu erheben und, wie Thomas in Logion 22 sagt, das Männliche und das Weibliche zu einem einzigen zu machen. Der Kirchenvater und Theologe Origenes nahm die Worte Jesu allzu wörtlich, als er sich selbst kastrierte (und mit ihm viele andere Christen der Anfangszeit). Doch nicht das Geschlechtsorgan muß kastriert werden, sondern die Begierde (in der christlichen Esoterik und im Taoismus symbolisiert durch den Ochsen, der weder männlich noch weiblich ist). Paulus sagte: «Es ist besser zu heiraten, als sich in Begierde zu verzehren» (1. Kor. 7,9). Zwischen «heiraten» und «sich in Begierde verzehren» existieren natürlich noch einige andere Möglichkeiten: liebevolles Berühren oder Streicheln, Zuneigung, Zärtlichkeit, intimes Flüstern...

In allen Mysterienschulen, esoterischen Gemeinschaften und Religionen war und ist das Zölibat für den Einzuweihenden der kurze Weg schlechthin. In der westlichen Tradition, vor der sexuellen Revolution, stand das Zölibat im Mittelpunkt des Prozesses der Gottesverwirklichung, auch wenn die esoterischen Hintergründe nicht jedem bekannt waren. In den Gralsdichtungen finden sich noch deutliche Spuren der ursprünglichen Bedeutung des Zölibats.

Wohin ein erzwungenes Zölibat führen kann, zeigt uns Wagner in seinem *Parsifal*, wenn er Klingsor auftreten läßt. Klingsor ist der Gralsritter, der das Versprechen des Zölibats, ein Gebot für alle Gralsritter, nicht halten konnte und sich selbst kastrierte. Er verwandelt sich dadurch von einem edlen Gralssucher (Gottesverwirklichung) in einen Schwarzen Magier, der die Reinheit der anderen Gralsritter bedroht.

Reinheit ist eine absolute Bedingung, um den Gral im Körper (in der Gralsburg) verwirklichen zu können. Im *Parzival* Wolframs von Eschenbach (um 1200) ist König Amfortas verheiratet, doch ausschließlich der Fortführung des Gralsgeschlechtes wegen, das heißt, es sollen reine Inkarnationen herangezogen werden, die die Gottesverwirklichung anstreben. Amfortas erliegt jedoch einem

«Minnedienst» für eine andere Frau, und in einem Zweikampf mit einem heidnischen Ritter werden seine Geschlechtsorgane verletzt, so daß ihn seine Lebenskraft verläßt und ein Fluch über seinem Reich (seinem Bewußtsein) liegt. Nur Parzival, der durch das Tal des Lebens zog (französisch *par ci val* bedeutet «durch dieses Tal»), kann Amfortas heilen, indem er ihn fragt, woran er leide. Parzival macht die unterschiedlichsten Erfahrungen, nachdem er die dunkle Seite des Weiblichen in verschiedenen Ausprägungen kennengelernt hat (Herzeloyde, seine Mutter; Condwiramurs, seine Gemahlin; Repanse de Schoye, die den Gral trägt; Sigune, die ihn Erbarmen lehrt; Orgeluse, von der er die Bereitschaft zur Hingabe lernt). Nachdem Parzival Amfortas geheilt hat, wird er von der mißgebildeten Cundrie (Symbol seiner verdrängten weiblichen Weisheit und Intuition) zum Gralskönig ausgerufen. Parzival ist Amfortas, und Amfortas ist Parzival.

Parzival hat sich von einem «reinen Toren» zu einem reinen, geistig erwachsenen Menschen mit Seelenweisheit («saelde») entwickelt. Er hat den Gral («des Heiles Wurzel, Stamm und Reis…, ein Hort von Wundern ohne Zahl»[16]) in seinem Körper (der Gralsburg) verwirklicht. Durch Reinheit auf allen Ebenen ist sein Lebensbaum («Wurzel und Reis») regeneriert worden und wieder aufgeblüht.

In Indien kennt man seit alters die Brahmacharya (Enthaltsamkeit). *Achara* bedeutet «Verhalten, das zu Gott hinführt» (Brahman; das Selbst oder Ātman der Upanischaden). Das Wort «Zölibat» ist von dem lateinischen Adjektiv *caelebs* abgeleitet, das «ledig» bedeutet. Auch in der westlichen Tradition umfaßte das Zölibat viel mehr als bloß körperliche Keuschheit. Es bezog sich ebenso auf die Reinheit des Denkens, Sprechens und Handelns. Diese allumfassende Reinheit bewirkt auf natürliche Weise eine Reduzierung des Geschlechtstriebes, wodurch die sexuelle Energie den Lebensbaum erneut aufblühen läßt und den Thron Gottes (Epiphyse) wieder zu Ehren bringt. Der siebenarmige Leuchter (Menora) vor dem Thron Gottes wird wieder angezündet, die Lichter (Chakras) werden umgedreht. Die linke Seite geht in die rechte und die rechte in die linke Seite über. Das Auge der Weisheit öffnet sich wieder, und das schöpferische Wort kommt zurück.

In der Gnostik war das Zölibat der Weg des einzelnen, des Einsgewordenen, des *monachos*, von dem im Logion 22 des Thomas-Evangeliums die Rede ist. Das griechische Wort *monachos*, von dem das Wort «Mönch» stammt, ist verwandt mit *monache*, das «einzig und allein» bedeutet.

Selig seid ihr, Einsgewordene, Auserwählte, denn ihr werdet das Königreich finden.[17]

Das Thomas-Evangelium, Logion 49

Wer aus zwei eins macht, vereint buchstäblich die beiden schlangenförmigen Nādīs (Idā und Pingalā), die parallel zu den sympathischen Nervensträngen verlaufen, mit der Sushumnā (dem menschlichen Lebensbaum). Die Basisenergie für diesen Vorgang spenden die sexuelle Energie, die sattvische Nahrung und die richtige moralische Lebensweise. Dann wird der Mensch zu «einem Sohn der Schlangen», wie die Gnostiker sagten.

Merlins Tanne und Mohammeds Paradiesbaum

Der Druide Merlin («der mit den Schlangen lebt»), Gründer des Ordens der Tafelritter und Berater König Artus', zog sich gegen Ende seines Lebens in den Wald von Broćeliande zurück. Dort lebte er mit der Fee Viviane (einer Druidenpriesterin) in vollkommener Reinheit, wie Adam und Eva, in einem von ihnen angelegten paradiesischen Garten. Unter der heiligen Birke verkündete Merlin seine Prophezeiungen, unter der heiligen Eiche unterrichtete er. Neben der Quelle von Barenton stand eine herrliche Tanne. Nachdem Merlin den Baum einige Male bestiegen hatte, erlangte er im Baumwipfel das vollkommene Wissen und zahlreiche spirituelle Fähigkeiten.

Diese «heidnische» Überlieferung erzählt vom erneuten Emporwachsen des grünen Lebensbaumes im Körper Merlins, hervorgerufen durch ein reines Leben, wodurch im Wipfel des Baumes (im Scheitel-Chakra) jegliche Dualität transzendiert wird. Die Druiden waren Kenner der heiligen Eiche und für ihre Weisheit bekannt. (Das keltische *dru-vid-s* bedeutet «sehr sehend» oder «weise»; das griechische Wort *drus* bedeutet «Eiche»). Das Besteigen des Lebensbaumes symbolisiert das erneute Einsetzen des Kundalinī-Feuers, das wie Wasser fließt.

Auch die nächtliche Reise des Propheten Mohammed auf seinem Pferd Al-Bouraq (»Blitz«), auf der der Engel Gabriel ihn von der Kaaba in Mekka (seinem eigenen inneren spirituellen Zentrum) über den Paradiesbaum Tuba zum höher gelegenen Jerusalem mit «sieben Planetensphären» führt, symbolisiert das Auf- und Absteigen, das für die mystische Erfahrung zahlloser islamischer Mystiker exemplarische Bedeutung bekam (Abb. 14). Wegen seines erhabenen, Allah geweihten Lebens wurde Mohammed von Gabriel als «Frucht des [Lebens-]Baumes», als «Sonne des Wissens» bezeichnet.

Abb. 14   Reise Mohammeds über den Paradiesbaum Tuba
(Miniatur von Mi'raj-nameh, Türkei,
15. Jahrhundert)

Die Alchimie und der Baum der Philosophen

In der Alchimie ist das erneute Ergrünen des Lebensbaumes (des *arbor philosophorum* oder des Baumes der Philosophen) auch mit dem Geheimnis des Zölibats verbunden.

Abb. 15   Adam mit dem Lebensbaum als Phallus

Abb. 16   Eva mit aus ihrem Kopfhaar
aufsteigendem Lebensbaum

Auf drei Zeichnungen in einem Manuskript eines gewissen Johannes (15. Jahrhundert, Bibliotheca Laurenzi-
ana, Florenz) sind Adam, Eva und der Gott Pan abgebildet.
Das Geschlechtsorgan von Adam hat die Form eines blühenden Baumes, über dem der Mond steht. Mit der linken
Hand hält Adam einen Pfeil, der in seiner rechten Rippe
steckt, was auf die Umwandlung des Männlichen ins
Weibliche (und umgekehrt) hindeutet. Die aus dem Him-

mel ragende Hand symbolisiert die allgegenwärtige Hilfe des Göttlichen (Abb. 15).

Auf der zweiten Zeichnung ist Eva dargestellt. Aus ihrem Kopf wächst der Lebensbaum empor. Sie hat die Beine übereinandergeschlagen und bedeckt mit der linken Hand ihre Scham. Ihre rechte Hand zeigt auf einen Schädel, der auf einem «kubischen Stein» (dem Stein der Weisen) liegt. Ein Sinnbild für den Regenerationsprozeß des Lebensbaumes. Der Schädel stellt die abgestorbene degenerierte weibliche Intuition dar (Abb. 16). Zusammen symbolisieren die beiden Zeichnungen den Prozeß der Regeneration des göttlichen Hermaphroditen mit Hilfe der sexuellen Energie, wobei sich das Männliche und das Weibliche wieder vereinen.

Auf der dritten Zeichnung ist der griechische Gott Pan (halb Mensch, halb Bock) neben einem verdorrten Baum abgebildet. Auf seinen Hörnern trägt er den Mond. In dieser Gestalt stellt er Sexualität und Fruchtbarkeit dar. Anstatt wie üblich auf seiner Panflöte spielt er auf einem dudelsackähnlichen Instrument. Als Gott der Sexualität und Fruchtbarkeit symbolisiert er hier die Transformation der Sexualität, die den Baum der Erkenntnis verdorren läßt (Abb. 17).

Tradiertes Wissen: der grüne Lorbeer

In den griechischen Attis- und den ägyptischen Osiris-
mysterien wurde das Geheimnis der sexuellen Energie
verschleiert vom Mythos des kastrierten Gottes, der mit
einem ihm geweihten Lebensbaum in Zusammenhang
stand. Erst nachdem das fehlende männliche Geschlechtsorgan von seiner «Ehefrau» (dem Weiblichen) wiedergefunden und erneut am Lebensbaum befestigt worden war,
was eine neuerliche rituelle Verehrung ermöglichte, konnte die geistige Hochzeit zwischen dem Gott und der Göttin (Attis und Aphrodite; Osiris und Isis) in Harmonie mit
der Natur stattfinden.

Die frühchristlichen «Sperma-Gnostiker» wußten um
die Beziehung zwischen dem Sperma und der Schlange
(griechisch *ophis*) und wurden wegen ihrer Schlangenver-
ehrung «Ophiten» genannt. Sie kleideten das intime Verhältnis zwischen Sperma und Schlange in einen esoterischen Mythos über den androgynen Urmenschen, der
von dem Ketzerjäger Hippolyt vollkommen falsch aufge-
faßt wurde.

Das Wissen um den kurzen Weg zur Gottesverwirklichung ist bis heute – sozusagen als die Hoffnung auf dem
Boden von Pandoras Büchse – von Eingeweihten, Mysterienschulen und geistigen Lehrern bewahrt worden. Im
Symbol des Baumes wurde dieses Wissen jahrhundertelang
weitergegeben, zum Beispiel von den Katharern, für die

Abb. 17   Der Gott Pan und der verdorrte Baum

der immergrüne Lorbeerbaum das Symbol der Mysterien war.

Heutzutage kann das, woran der mythische Mensch jahrhundertelang mit Hilfe von Mythen und Riten erinnern wollte, nach wie vor praktiziert werden. Nicht umsonst besagen die Legenden, daß Adam und Eva bei ihrer

Vertreibung aus dem Paradies von der edlen Kunst (dem Weisheitswissen) begleitet wurden.

Aber der Lebensbaum kann erst wieder erblühen, wenn der Baum der Erkenntnis verdorrt ist. Der Weg dahin ist in allen Mysterientempeln als der Weg des Kreuzes umschrieben worden. Zwischen dem Lebensbaum und dem Kreuz besteht eine enge Beziehung, die die Zeit des Anfangs und die Zeit des Endes in sich vereint.

III

Kreuz und Kreuzigung

Das Kreuz, ein uraltes Symbol

Im Christentum wurde das Kreuz lange Zeit als ein einzigartiges Symbol betrachtet. Doch das Motiv des Kreuzes ist, ebenso wie das des Lebensbaumes, in allen Kulturen vertreten. Es gehört zu den wichtigsten Archetypen des menschlichen Geistes.

Bereits in der rhodesischen Steinzeit kannte man das Kreuz in Form eines Sonnenrades, das den Jahreslauf der Sonne um die Erde darstellte. Damit verwandt ist die Swastika oder «Crux gammata» (Gammakreuz): das Hakenkreuz. Die Swastika ist in nahezu allen alten Kulturen als Sonnensymbol vertreten. Bei den Ariern im alten Indien war sie das Sinnbild des Rades der Seelenwanderung und zugleich Glückssymbol. Von den Nationalsozialisten wurde die Swastika auf schändliche Weise mißbraucht.

Mjölnir, der Hammer des germanischen Gottes Thor (Donar), hatte die Form eines umgekehrten Kreuzes. In den norwegischen Mythen heißt er *fylvot* (Vielfuß). Es ist der Hammer der Schöpfung und der Vernichtung, der nach einer Schöpfungsperiode immer zu Thor zurückkehrt (vgl. Shivas Dreizack).

Aus Ägypten stammt das Ansata- oder Henkelkreuz (Ankh-Hieroglyphe), das eng mit dem Lebensbaum verwandt ist. Befindet sich das Kreuz innerhalb des Kreises (Sonnenrades), stellt es die noch nicht offenbarte Materie, Isis, dar. Steht das Kreuz unterhalb des Kreises (siehe Abb.

VI), ist die enge Beziehung von Geist und Materie (Osiris-Isis) und der Übergang vom geistigen Hermaphroditen zum stofflichen, dualen Menschen gemeint, was in mehreren ägyptischen Mythen über Osiris und Isis auf metaphorische Weise dargestellt wurde. In den ägyptischen Tempeln trifft man häufig auf das Ansatakreuz mit den beiden zur Sonne strebenden Armen. Dieses Kreuz versinnbildlicht die Regeneration vom dualen Menschen zum ursprünglichen, androgynen Sonnenmenschen. Als Symbol der Auferstehung und der Unsterblichkeit fehlte das Ansatakreuz in keinem Königsstab. Auf Papyrusrollen ist häufig zu sehen, daß ein ägyptischer König das Ansatakreuz in den Mund nimmt, wenn er einem Feind Vergebung gewährt.

Platon spricht in seinem *Timaios* über die Weltseele, die vom Schöpfer in Kreuzform über den Weltkörper gespannt wurde. Viele Mythen und Legenden erzählen vom Kreuz als der Verbindung zwischen Himmel und Erde; eine Verbindung, die die Seelen zu Gott hinführt. Bekannt wurde vor allem das griechische Kreuz mit vier gleich langen Armen und dem Schnittpunkt in der Mitte, Symbol des Universums. Beim lateinischen Kreuz befindet sich der Querbalken (*patibulum*) über dem Zentrum. Es wurde für die Kreuzigung von vermeintlichen Verbrechern benutzt. Zur Zeit Neros (54–68 n. Chr.) wurden zahllose Sklaven und Christen gekreuzigt. Die lateinische Bezeichnung *infelix arbor* bedeutet sowohl «unglücklicher Baum» als auch «Kreuz».

Vom Lebensbaum zum Kreuz

Er wurde an einen Baum genagelt. So wurde er die Frucht zur Erkenntnis des Vaters. Es war aber eine Frucht, die nicht zugrunde richtete (wie die Frucht vom Baum der Erkenntnis des Guten und Bösen), wenn man davon aß, sondern sie wurde denen, die davon aßen, zu einem herrlichen Fund. Denn er, der Undenkbare, Unfaßbare, der Vater, fand sie in dieser Frucht, und sie waren in ihm, gleichwie sie ihn in sich fanden, ihn den Vollkommenen...[18]

Das Evangelium der Wahrheit, S. 40

Die verbotene Frucht des Baumes der Erkenntnis führte zum Tod. Der Kreuzigungsbaum, an dem Christus starb, wurde exemplarisch für den Pfad der «Umkehr» (griechisch: *metanoia*) und nicht für die «Bekehrung». Durch das Wissen des Vaters (Gnosis) verwandelte Christus den «Baum, der Tod bewirkt» (Philippus-Evangelium, S. 124) in einem «Baum des Lebens». Leben und Lehre Jesu Christi zeigen den Weg zur inneren Auferstehung, der in kanonischen, apokryphen und gnostischen Texten, aber auch in zahlreichen Legenden und anderen Überlieferungen beschrieben wurde.

In der christlichen Religion besteht ein enges Verhältnis zwischen dem Lebensbaum und dem Kreuz. Kirchenväter

Abb. 18   Die «Kreuzigung» der Schlange

wie Origenes, Augustinus und Ambrosius machten schon
früh darauf aufmerksam. Ambrosius (4. Jahrhundert) sagt
darüber hinaus, daß durch das Opfer der Kreuzigung
Christi die Schlange im Kreuzigungsbaum aufgehängt
wurde. Die christlichen Gnostiker und Alchimisten stell-
ten dies mit Hilfe einer an einem T-förmigen Kreuz festge-
nagelten Schlange dar, womit sie den Sieg Christi über die
«Schlange der Begierde» symbolisierten. Manchmal hat
diese Schlange die Form einer Lemniskate (einer liegen-

Abb. 19   Lebensbaum als Kreuzigungsbaum mit zwölf Ästen,
in dem Geburt, Leid und Auferstehung dargestellt sind,
über dem Kopf Christi: der Pelikan zwischen den Propheten
Daniel und Ezechiel. In der Krone: Christus und die Madonna
(Gemälde von Pacino da Bonaguido, 14. Jahrhundert,
Illustration zu einem Text von Bonaventura)

den Acht), des Symbols von Unendlichkeit und Unsterblichkeit, die durch die «Kreuzigung» (Transformation) der
Schlange verwirklicht wurden (Abb. 18).

Auf mittelalterlichen Gemälden werden der Lebensbaum und das Kreuz oft mit dem lateinischen Text *crux
Christi est lignum vitae* (das Kreuz Christi ist das Lebensholz)
verbunden. Auch der Kirchenlehrer Bonaventura (13.
Jahrhundert) hat auf die Beziehung zwischen Lebensbaum
und Kreuz hingewiesen (Abb. 19). Die Christen kennen
an Ostern den Brauch, Palmzweige hinter das Kreuz zu
stecken, wodurch das Kreuz zum Lebensbaum wird. Aber
es existiert nicht nur eine Beziehung zwischen dem Lebensbaum und dem Kreuz, sondern auch zwischen Adam
und Christus als dem «neuen Adam».

Eine mittelalterliche Legende

Im Mittelalter war die Legende über die Beziehung zwischen dem Lebensbaum und dem Kreuz, zwischen Adam und Christus, in der christlichen Welt weit verbreitet. Drei apokryphe Texte lagen dieser Legende zugrunde: *Die Moses-Apokalypse, Das Leben Adams und Evas* und vor allem *Das Evangelium des Nikodemus.*

Als Adam im Alter von 932 Jahren im Sterben lag, sandte er seinen Sohn Set ins Paradies, damit dieser ihm heilendes Öl besorge. Als er vor dem Paradies angekommen ist, erscheint der Erzengel Michael und teilt Set mit, daß der Erlöser die Tore des Paradieses, die infolge von Adams Ungehorsam geschlossen worden waren, erst in 4000 Jahren öffnen werde. Dann sollen Adam und seine Nachkommen gesalbt und mit Wasser gewaschen und durch den Heiligen Geist gereinigt werden. Das «Holz der Erkenntnis», das die Erlösung herbeiführt, wird von einem Baum auf Adams Grab stammen. Dreimal darf Set ins Paradies hineinschauen. Beim dritten Mal erblickt er einen wundervollen Baum, dessen Krone sich gen Himmel streckt und dessen Wurzeln in die Hölle hinunterreichen. In der Mitte befindet sich ein strahlendes Kind auf den Knien einer wunderschönen Frau. Es ist der zukünftige Erlöser mit der Jungfrau Maria.

Set wird mit drei Samenkörnern des Baumes fortgeschickt. Die Samenkörner soll er unter Adams Zunge le-

136

gen. Adam stirbt, erfüllt von großer Freude. Nach seinem Tod wachsen aus seinem Körper drei Bäume empor, die zusammen einen einzigen Baum bilden. Moses schnitzt daraus seinen Stab, den Aaron später erhält, und pflanzt die drei Bäume vor seinem Tod auf den Berg Tavor (den Berg der Verwandlung Jesu). Tausend Jahre später bringt David den Baum auf Wunsch eines Engels nach Jerusalem. Salomon will daraus eine Säule für seinen Tempel machen, doch der gefällte Baum ändert ständig seine Länge und ist daher nicht geeignet. Die Juden verwenden das Holz für den Bau einer Brücke über den Fluß Siloah. Auf Besuch bei Salomon, weigert sich die Königin von Saba, diese Brücke zu überqueren. Sie sagt voraus, daß aus dem Holz einmal «das Kreuz des Heilands» werde, was der Legende nach auch geschehen ist. Auf dem Berg Golgotha (Schädelstätte) erhebt sich das Kreuz Christi wie eine *axis mundi* (eine Achse der Welt) genau an der Stelle, an der Adam begraben sein soll. Das Blut aus Christi Seite wäscht die Sünden Adams (des Menschen) rein. Auf diese Weise verbindet die Legende den Lebensbaum mit dem Kreuz und Adam mit Christus.

Der Baum, den Set der Legende nach im Paradies erblickte, soll der Baum Isais gewesen sein. Inspiriert von Jesaija 11,1, haben viele mittelalterliche Maler den Baum so dargestellt, daß David, Maria und Christus übereinander in der Mitte des Baumes sitzen und auf diese Weise selbst den Lebensbaum bilden.

Die Kreuzigung des Heilands

Die Mysterienmythen von Osiris, Adonis, Bacchus, Mithras und anderen Göttern waren die Quellen für die Erzählungen über Geburt, Leiden, Sterben, Höllenfahrt und Auferstehung Christi. Auch die Kreuzigung des Heilands findet ihre Entsprechung in mythischen Vorgängern. Manche Überlieferungen berichten zum Beispiel, daß Krishna an einen Baum gekreuzigt worden sei, ehe Pfeile seinen stofflichen Körper töteten. Der Gott Odin aus der *Edda* hing neun Nächte lang am Baum Yggdrasil (verwundet durch einen Speer), «sich sich selbst widmend», um auf diese Weise die «Runen der Weisheit» zu erlangen. Der indianische Gott Quetzalcoatl wurde ebenfalls gekreuzigt.

Im orthodoxen Christentum entwickelte sich die Kreuzigung Christi zum Symbol der Auferstehung nach dem Tode. Die Geschichte des Kreuzes zeigt, daß nicht nur Christus am Kreuz dargestellt wurde, sondern auch die Jungfrau Maria. Die römisch-katholische Kirche setzte alles daran, die Kreuze mit Maria verschwinden zu lassen, nicht verstehend, daß Maria die «Shakti» Christi darstellte. (Die Shakti ist die weibliche Emanation Gottes. In Indien ist die Shakti-Verehrung sehr weit verbreitet.) So verhielt es sich auch mit den sogenannten «Kümmernis-Statuen», die eine gekreuzigte Frau mit Bart darstellen. Sie gehen zurück auf die Legende der heiligen Wilgefortis (lateinisch:

virgo bedeutet «Jungfrau», *fortis* «stark»), die auch Kümmernis, Hl. Hilfe, St. Hulpe oder Liborata genannt wird. Als Tochter eines heidnischen portugiesischen Königs wollte sie Gott treu bleiben, als ihr Vater sie zwang, einen «Heiden» zu heiraten. Sie betete zu Gott, daß er ihr ein Mittel gebe, mit dem sie ihren Liebhaber abschrecken könne, und prompt wuchs ihr ein Bart. Ihr Vater ließ sie aus Rache ans Kreuz nageln. Wilgefortis wurde im späten Mittelalter sehr verehrt, und ihr Bildnis am Kreuz vermischte sich mit dem der gekreuzigten Jungfrau Maria. In südlichen Ländern stoßen wir vereinzelt noch auf eine Darstellung einer gekreuzigten Maria. Die Ikonographie befaßte sich schon früh mit dem androgynen Charakter Christi in seiner Rolle als Erlöser. In den Augen der Kirche ist der gekreuzigte Christus nach wie vor ein Mann, so wie sie auch Jahwe Elohim als einen männlichen Gott ansieht.

Die Symbolik der Kreuzigung

> Diejenigen, die sagen: zuerst stirbt man, dann ersteht man auf, irren. Wenn man nicht zuerst, noch bei Lebzeiten, die Auferstehung gewinnt, wird man im Tode nichts gewinnen.[19]
>
> *Evangelium nach Philippus*

Für den Gnostiker muß die Erlösung hier und jetzt im menschlichen Körper stattfinden. Das haben auch die Mysterien von alters her gelehrt. Die Wiedergeburt als Mensch ist eine einzigartige Gelegenheit, die Befreiung, Erleuchtung, Gottesverwirklichung zu erlangen. Der Weg dazu ist die Kreuzigung der «fünf Bäume», der fünf Sinne, der niederen, tierischen Natur. Schon Platon merkte in seinem Werk *Phaidon* an, daß jede Form von Genuß und Verdruß die Seele mit einem Nagel am Körper befestige. Das Symbol der Kreuzigung ist der Körper, der die Form eines Kreuzes hat. Der Prozeß des «Sterbens vor dem Tod» ist die totale «Umkehrung» der «Lichter», eine radikale Transformation des spaltenden Ich-Bewußtseins in ein universelles Bewußtsein. Erst danach erlischt das Feuer des Ego vollkommen, und der Lebensbaum kann sich regenerieren.

Für den Gnostiker enthalten Leben und Lehre Jesu den Pfad zur inneren Auferstehung. Für ihn bedeuten Christi Worte «Ich bin der wahre Weinstock, und mein Vater ist der Winzer» (Joh. 15,1), daß der Weinstock (oder der Stock Brahmās) durch die vitalisierende Kraft des «Vaters» (der göttlichen Lebensenergie) Früchte zu tragen vermag. Dann können Christi Worte «Ich bin der Weg und die Wahrheit und das Leben» (Joh. 14,6) esoterisch, innerlich, verstanden werden. Der Weinstock ist der Weg zur Ganzheit, zur Einheit, zum kosmischen Lebensbaum, zum Vater (besser: zu Mutter-Vater). Ohne den Weinstock (Su-Shumnā) winden wir uns unaufhörlich weiter hinauf, ohne Frucht zu tragen (vgl. den verdorrten Feigenbaum), und das Ego bleibt im Formenspiel von Māyā gefangen.

Die Sprache der Evangelien ist die Sprache der Mysterien. Der exoterische Gebrauch dieser Sprache führte zu gewaltigen Mißverständnissen. Dem Gnostiker reichen einige Fußabdrücke, um den Pfad als inneren Weg zu verstehen. Für ihn sind die Geißelung, die Verhöhnung, das Anspucken, der Kreuzweg und die Kreuzigung Jesu geistige Ereignisse, die sich auf esoterischer Ebene abspielen, was nicht heißen soll, daß das exoterische Mysterienspiel der Kreuzigung verneint wird. Die Geißelhiebe des Unverständnisses werden den Menschen, der den Pfad des «Sterbens vor dem Tode» geht, sicherlich treffen. Das konditionierte Denken wird auf schmerzhafte Weise beendet (die Dornenkrone). Die Welt wird den Menschen, der den Pfad Jesu Christi tatsächlich geht, anspucken, ja sogar ausspucken, denn der Welt ist mit diesem Vorgehen nicht gedient. Den inneren Kreuzweg geht man in völliger Einsamkeit. Vollkommen nackt, befreit von allem, was wir zu sein glaubten (den Kleidern der Illusion), erhebt sich unser

Körper an der Schädelstätte (Golgotha) der Vergangenheit wie ein Kreuz. All unsere Sinne werden gekreuzigt: symbolisiert durch die Nägel in den Händen und Füßen und durch den Stoß mit der Lanze in die Rippen (die fünf Wunden). Der Stoß mit der Lanze symbolisiert die Wiederherstellung der «göttlichen Glorie» in Leber und Milz und die Umkehrung der linken in die rechte und der rechten in die linke Seite. Die Geschlechtsorgane werden nur von einem Lendenschurz verhüllt. Hinter diesem Lendenschurz hat sich die Essenz des Mysteriums der Transformation abgespielt. Zusammen mit dem Ego werden auch die beiden Mörder gekreuzigt: Idā (die alte Eva) und Pingalā (der alte Adam), die nach dem Sündenfall das duale Denken genährt haben. Dann erklingt das «Consummatum est» (Es ist vollbracht!). Das Opus magnum hat seine Vollendung erreicht. Der Weinstock ist aufgeblüht, und alle Körperzellen (die «Menge» vor dem gekreuzigten Leib) haben sich regeneriert. Die Welle des Ich löst sich im Ozean der Liebe auf. Samsāra ist beendet, die innere Auferstehung Wirklichkeit geworden. Wer sein «Ich-Leben» verliert, findet das «Mich» (das zeitlose Ātman) und geht in der unermeßlichen Liebe des Ganzen auf.

Und wer nicht sein Kreuz auf sich nimmt und mir nachfolgt, ist meiner nicht würdig. Wer das Leben gewinnen will, wird es verlieren; wer aber das Leben um meinetwillen verliert, wird es gewinnen.

Matthäus 10,38

Das Ego kann gekreuzigt werden, doch niemals Ātman, das Selbst. Deshalb kann man sagen, daß Jesus gekreuzigt und doch nicht gekreuzigt wurde, wie es in dem apokryphen Text *Die Johannesakten* (Kap. 101) beschrieben wird, wo Jesus zu Johannes sagt:

> Du hörst, daß ich gelitten habe – und doch habe ich nicht gelitten –, daß ich nicht gelitten habe – und doch habe ich gelitten –, daß ich gestochen worden sei – und doch bin ich nicht geschlagen worden –, daß ich aufgehängt worden sei – und doch bin ich nicht aufgehängt worden –, daß Blut aus mir geflossen sei – und doch ist es nicht geflossen...[20]

Der Gekreuzigte hat sich über die vier Elemente erhoben. Auf den irischen Hochkreuzen und in der russischen Ikonographie wurde Christus daher vorzugsweise als Triumphator dargestellt. Über dem Kopf des Gekreuzigten prangen die vier Initialen I.N.R.I. Der Gnostiker liest darin nicht die lateinische Abkürzung von «Jesus Nazarenus Rex Judaeorum» (Jesus von Nazareth, König der Juden). Für ihn sind es die hebräischen Anfangsbuchstaben der vier Elemente: **I**ammin (Meer oder Wasser), **N**our (Feuer), **R**uach (Luft) und **I**ebeschah (trockene Erde). Die Alchimisten übersetzten I.N.R.I. mit «Igne Natura Renovatur Integra» (das Feuer erneuert die gesamte Natur). «In Nobis Regnat Jesus» (in uns herrscht Jesus), sagten die alten Rosenkreuzer (Abb. VII).

Das Neue Jerusalem und der Lebensbaum

Und er zeigte mir einen *Strom, das Wasser des Lebens,* klar
wie Kristall; *er geht* vom Thron Gottes und des Lammes
aus. Zwischen der Straße der Stadt und dem Strom,
hüben und drüben, stehen Bäume des Lebens. Zwölf-
mal tragen sie Früchte, jeden Monat einmal; und die
Blätter der Bäume dienen zur Heilung der Völker. Es
wird nichts mehr geben, was der Fluch Gottes trifft.

Offenbarung 22,1–4

Die Offenbarung des Johannes (auch Apokalypse genannt)
ist das letzte Buch der Bibel. In dieser Offenbarung wird
das Geheimnis der Regeneration des menschlichen Lebensbaumes auf verschleierte Weise dargestellt. Das griechische Wort *apokalúpto* bedeutet «enthüllen», «offenbaren», «entschleiern». Johannes, der Eingeweihte, hatte
dieses mystische Erlebnis ca. 95 nach Christus auf der Insel
Patmos. Entsprechend seiner für die Mysterien geltenden
Schweigepflicht kleidete er den alchimistischen Prozeß der
Regeneration des menschlichen Lebensbaumes in esote-
rische Symbole, die von den Profanen ganz und gar exote-
risch ausgelegt wurden.

Der Gnostiker lächelt, wenn er das Buch der Apokalypse schauend liest. In den «sieben Gemeinden», an die
die «sieben Briefe» gesandt werden, erkennt er sofort die

sieben Chakras wieder, die in der Mysteriensprache manchmal auch als «Ecclesia» (Versammlung, Gemeinde, Kirche) bezeichnet werden. Durch eine «Tür am Himmel» (das Tor des Brahman oder das Scheitel-Chakra) sieht Johannes wie in einer Vision «einen Thron im Himmel» (die Epiphyse oder den Thron Gottes), auf dem «einer» (das göttliche Licht) saß. Rings um den Thron stehen «vierundzwanzig Throne», auf denen die «vierundzwanzig Ältesten» (die zwölf Paare von Gehirnnerven) sitzen. Vor dem Thron brennen «sieben lodernde Fackeln», die «sieben Geister Gottes» (die sieben am Ätherlicht entzündeten Gehirnkammern oder Menora). Ebenfalls vor dem Thron befindet sich ein «gläsernes Meer, gleich Kristall» (das geöffnete Auge der Weisheit, das Stirn-Chakra oder das Auge Gottes). «Und in der Mitte, rings um den Thron, waren *vier Lebewesen voller Augen*, vorn und hinten. Das erste Lebewesen glich *einem Löwen*, das zweite *einem Stier*, das dritte sah aus wie *ein Mensch*, das vierte glich *einem fliegenden Adler*. Und jedes der vier Lebewesen hatte *sechs Flügel*, außen und innen *voller Augen*» (Offenbarung 4,1–8).

Durch das Stirn-Chakra nimmt Johannes wie in einer Vision die dreifache Evolution des Menschen wahr, symbolisiert durch die vier Mysterienwesen, die der Sphinx und dem Cherub entsprechen. Das griechische Wort *móschon* bedeutet nicht nur «Kalb», sondern auch «Zweig» oder «junger Ast», was darauf hindeutet, daß nach der tierischen Evolutionsphase (Löwe und Kalb) der junge Zweig der menschlichen Evolution zu sprießen beginnt, der zur Evolution des Göttlichen erblüht (dem fliegenden Adler). Die vier Mysterienwesen haben zusammen vierundzwanzig Flügel, die auf die zwölf Paare von Gehirnnerven hinweisen, mit denen die obengenannten Evolutionsprozesse verbunden sind.

Die sieben Siegel, die geöffnet werden, und das siebenfache Blasen der Posaunen (Offenbarung 6–11), wobei die Erde mit jedem Posaunenstoß von einer neuen «Katastrophe» heimgesucht wird, weisen auf das Erblühen der sieben Chakras (deren Windungen Posaunen gleichen) und auf die Auflösung des Ego, des Körperbewußtseins, hin. Das Körperbewußtsein wird von der gefallenen Stadt Babylon symbolisiert (Offenbarung 14,8, und 18,2), die Platz machen muß für das Neue Jerusalem (Offenbarung 21,2; 21,9–27; 22,1–5), die Stadt des Friedens, des verherrlichten Körpers, «die Stadt Brahmās» aus den Upanischaden.

Die 72 000 Nādīs mit ihren 72 000 Verzweigungen sorgen dafür, daß das Lebenselixier wieder den gesamten Lebensbaum durchströmen kann. Es sind die 144 000, die «mit dem Siegel gekennzeichnet» sind (Offenbarung 7,4), oder die «12 Früchte», die der Lebensbaum jeden Monat trägt (insgesamt 144 pro Jahr). Bei diesem Prozeß im «Schilfrohr» (Sushumnā) gibt es «zwei Zeugen» (Offenbarung 11,3): Idā und Pingalā. Als schließlich der «feuerrote Drache mit sieben Köpfen und zehn Hörnern» von der «Jungfrau» besiegt worden ist, wird das göttliche Kind geboren, das mit «eisernem Zepter» (der erneuerten Sushumnā), später «goldener Meßstab» genannt, über alle

«Völker» (Körperzellen) herrschen wird. Der feuerrote Drache symbolisiert die sexuelle Energie, die durch die reine Seele, die Jungfrau, transformiert wird. Die sieben Köpfe des Drachen (die unrein gewordenen Chakras) verlieren ihre Kraft, und die fünf Sinne, aktiv und rezeptiv zugleich (die zehn Hörner), werden vergeistigt.

So müssen alle tierischen Kräfte im Menschen transformiert werden (die «Tiere» aus der Apokalypse), ehe die «viereckig angelegte Stadt Jerusalem» (die den Körper des Menschen in Kreuzform enthält!) mit all ihren geheimen Winkeln geöffnet und gezeigt werden kann. Dann erhebt sich in der Mitte der Straße und an beiden Ufern des Flusses des Lebens der dreifache Lebensbaum mit einem Stamm in der Mitte und an beiden Ufern in erneuerter Form Idā (Eva) und Pingalā (Adam). Eine wirklich geistige Hochzeit, die «Hochzeit des Lammes und seiner Braut», wie diese Vermählung im Thalamus, im Brautgemach, in der Apokalypse (19,7) genannt wird. Der Baum der Erkenntnis von Gut und Böse mit seinen verbotenen Früchten ist verschwunden. «Was vom Fluch getroffen war» (die sexuellen Triebe), existiert nicht mehr. Der göttliche Hermaphrodit ist wiedergeboren worden und hat sich mit dem schöpferischen Wort vereint.

In seiner Eingangsvision auf Patmos sieht Johannes den göttlichen Hermaphroditen, «der wie ein Mensch aussah». Aus seinem Mund kommt ein «scharfes, zweischneidiges Schwert», und er hat «die Schlüssel zum Tod und zur Unterwelt» (Offenbarung 1,13–18). Sein Name lautet, wie es in der Offenbarung (19,13) heißt, «Das Wort Gottes»

(Abb. VIII). Das Wort Gottes ist der Schlüssel, der den Tod transformiert. Die Zeit des Anfangs geht in die Endzeit über. In der Apokalypse findet die Genesis ihren Abschluß. Die Endzeit löst sich auf in Zeitlosigkeit, im tatsächlichen Ende der Zeiten. Das Rad von Geburt, Krankheit, Leid, Altern und Tod kommt zum Stillstand. Die geistige Wiedergeburt hat stattgefunden. «Tod, wo ist dein Stachel?» fragt Paulus (1. Kor. 15,55). Das Männliche und das Weibliche haben sich auf der geistigen Ebene vereint (vgl. Logion 22 des Thomas-Evangeliums). Der lange Gang durch die Wüste «in Röcken aus Fellen» ist zu Ende. Statt dessen ist der paradiesische Bewußtseinszustand wieder eingetreten, der sich nun auf die Erkenntnis von Gut und Böse stützt. Gut und Böse befinden sich wieder in vollkommener Harmonie und sind unter Kontrolle. Der Sexualtrieb, auf dem der Fluch ruhte und der den Erzfehler in sich barg, ist vollständig erkannt, transformiert und geheiligt worden. Die Flügel des Adlers schwingen sich zu himmlischen Sphären hinauf. Der «verlorene Sohn» hat sich selbst, hat DAS Selbst wiedergefunden. Zurück im leuchtenden Haus von Vater-Mutter, im Geist des unermeßlichen göttlichen Universums, sind jetzt alle Gestaltungen Teil seines Körpers geworden, und sein Blut pocht in den Adern alles Lebenden. Das ist sein Körper. Das ist sein Blut. Alles ist Licht. Licht in Licht. Licht in Licht.

Dante schreibt in seiner *Göttlichen Komödie*, nachdem sich die geistige Hochzeit mit dem ewig Weiblichen vollzogen hat:

O ewiges Licht, das du in dir nur Ruh,
Nur dich verstehst und nur von dir verstanden,
Dich liebst verstehend und dir lächelst zu![21]

Paradies, 33. Gesang

Und als die Jünger Jesu diesen im 24. Logion des Thomas-Evangeliums nach dem Ort fragen, an dem er sich befinde, um sich auf die Suche nach diesem Ort machen zu können, lautet die Antwort:

Wer Ohren hat, der höre!
Licht
ist in einem Lichtmenschen,
und es erleuchtet die ganze Welt.
Leuchtet es nicht,
so herrscht Finsternis.[22]

Die Stadt [der verherrlichte Körper des androgynen Gottesmenschen] braucht weder Sonne noch Mond, die ihr leuchten. Denn die Herrlichkeit Gottes erleuchtet sie, und ihre Leuchte ist das Lamm [das Christus- oder kosmische Bewußtsein].

Offenbarung 21,23

Diese außerordentlich trostreiche Perspektive wurde den Menschen bereits in der uralten *Bhagavad-Gītā* (XV, 6) aufgezeigt:

Den Ort erhellt die Sonne nicht, der Mond nicht und
   das Feuer nicht;
Von wo man nimmer wiederkehrt, ja, meine höchste
   Wohnstatt ist's.[23]

«Es irrt der Mensch, solang er strebt», zitierten wir zu
Beginn dieses Buches aus Goethes *Faust* («Prolog im Himmel»). Doch wenn sich unser eigener Wille dem göttlichen
All-Willen ergeben hat, können wir voller Freude in den
mystischen Schlußchor des *Faust* einfallen:

Alles Vergängliche
Ist nur ein Gleichnis;
Das Unzulängliche,
Hier wird's Ereignis;
Das Unbeschreibliche,
Hier ist's getan;
Das Ewigweibliche
Zieht uns hinan.[24]

Anmerkungen

1 In: *Apokryphe Evangelien aus Nag Hammadi*. Neu formuliert und kommentiert von Konrad Dietzfelbinger. Edition Argo, Dingfelder Verlag, Andechs [2]1989, S. 119.

2 Ebenda, S. 166.

3 In: Arnauld, P., *Trois traictez de la philosophie,* Paris 1612, S. 50.

4 Senior, *De chimia senioris antiquissimi philosophi libellus,* Straßburg 1566, S. 76.

5 Vgl. Messing, M., «Schikgodinnen en de boom van het lot», in: *Prana* 82 (1994), S. 84–91.

6 *Die Katha-Upanishad.* Aus dem Englischen von Kurt Friedrichs, Otto Wilhelm Barth, Bern/München/ Wien 1989, S. 66.

7 Yogananda, Paramahansa, *Autobiographie eines Yogi,* Otto Wilhelm Barth, Bern/München/Wien [22]1997, S. 186.

8 In: *Apokryphe Evangelien aus Nag Hammadi,* S. 117.

9 Ruysbeek, Erik van/Marcel Messing: *Das Thomasevangelium. Seine östliche Spiritualität,* Walter-Verlag, Solothurn und Düsseldorf 1993, S. 98.

10 Lao Tse, *Tao-Te-King.* Neu ins Deutsche übertragen von Hans Knospe und Odette Brändli. Diogenes, Zürich 1990.

11 *Die Geheimlehre des Veda. Ausgewählte Texte der Upanishad's.* Aus dem Sanskrit übersetzt von Paul Deussen. F. A. Brockhaus, Leipzig ³1909, S. 166.

12 Ebenda.

13 *Upanishaden. Die Geheimlehre der Inder.* Übertragen und eingeleitet von Alfred Hillebrandt, Diederichs, München 1988, S. 184.

14 In: *Apokryphe Evangelien aus Nag Hammadi,* S. 121.

15 Sai Baba, *Over de Bhagavad Gita,* Ankh-Hermes, Deventer 1992, S. 28.

16 *Parzival* von Wolfram von Eschenbach. Prosa von Wilhelm Hertz. Vollständige Ausgabe, mit einem Nachwort von Fr. v. d. Leyen. Phaidon Verlag, Stuttgart 1982, S. 106.

17 Ruysbeek/Messing: *Das Thomasevangelium,* S. 118.

18 In: *Apokryphe Evangelien aus Nag Hammadi,* S. 40.

19 Ebenda, S. 122.

20 In: *Neutestamentliche Apokryphen,* hrsg. v. Wilhelm Schneemelcher, J. C. B. Mohr (Paul Siebeck), Tübingen ⁵1989. Bd. 2: Apostolinisches und Verwandtes, S. 170.

21 Dante Alighieri, *Die Göttliche Komödie,* Aus dem Italienischen übertragen von Wilhelm G. Hertz. Winkler-Verlag, München 1957, S. 459.

22 *Das Thomasevangelium,* S. 102 f.

23 Übersetzung zusammengestellt aus: *The Sreemad/Bhagawad/Geeta or the art of right action,* herausgegeben von Swami Chinmayananda, The Central Chinmaya Mission Trust, Bombay ³1967, S. 12; Shri Aurobindo, *La*

Bhagavad-Gītā, Albin Michel, Paris [2]1990, S. 254; *De Bhagavad-Gita zoals ze is,* herausgegeben von A. C. Bhaktivedanta Swami Prabhupada, The Bhaktivedanta Book Trust, Amsterdam 1971 (De grote klassieken aus India), S. 741.

24 Goethe, J. W., *Faust,* dtv, München [4]1982, S. 351.

Literaturverzeichnis

Bergema, H., *De boom des levens in schrift en historie,* Dissertation, J. Schipper jr., Hilversum 1938.

Blavatsky, Helena P., *Die Geheimlehre,* Theosophical University Press, Pasadena / Den Haag / München 1988, Bd. 2.

Brandt-Förster, B., *Das irische Hochkreuz,* Ullstein, Frankfurt a. M./Berlin/Wien 1980.

Brosse, J., *Mythologie des arbres,* Plon, Paris [2]1990.

Budge, E. A. W., *The gods of the Egyptians or studies in Egyptian mythology.* Dover, New York 1969, 2 Bde.

Cook, R., *De levensboom,* De Haan, Bussum 1974.

Davidson, H. R. E., *Scandinavian mythology,* Paul Hamlyn, London (etc.) [3]1975.

Die Edda: Götterdichtung, Spruchweisheit und Heldengesänge der Germanen. Übertr. von Felix Genzmer. Eingeleitet von Kurt Schier. 1. Aufl. der Sonderausgabe, Diederichs, München 1992.

Egli, H., *Das Schlangensymbol,* Walter-Verlag, Olten/Freiburg i. Br. [2]1985.

Encyclopaedia of buddhism, hrsh. v. G. P. Malalasekera, Sri Lanka 1977, Bd. 3.

Franz, M.-L., *Alchemie, een inleiding tot haar symboliek en psychologie,* Schors, Amsterdam 1983.

Goblet d'Alviella, E., *De wereldreis der symbolen,* W. N. Schors, Amsterdam o. J.

Greenwell, B., *Koendalini en transformatie,* Ankh-Hermes, Deventer 1993.

Guénon, R., *Symboles de la science sacrée,* Gallimard, Paris 1962.

Ders., *Le symbolisme de la croix,* Guy Trédaniel/Editions Véga, Paris 1984.

Hall, M. P., *The secret teachings of all ages,* The Philosophical Research Society, Los Angeles [3]1979.

Heindel, M., *Die Weltanschauung der Rosenkreuzer oder mystisches Christentum.* Theosophisches Verlagshaus, Leipzig 1921.

Heindel, M. & Heindel-Foss, *Die Botschaft der Sterne.* Einzig autorisierte Übersetzung von Rudolf von Sebottendorf. Verb. und vervollständigt durch Gerhard Naumann. Theosophisches Verlagshaus, Leipzig [2]1928.

Hulme, E., *Symbolism in christian art,* Blandford Press, Poole, Dorst [2]1986.

Huxley, F., *Symbolen van het mysterie,* Amsterdam Boek, Amsterdam 1978.

Ibn 'Arabi, *l'Arbre du monde (Shajarat al-Kawn),* hrsg. v. M. Gloton, Les Deux Oceans, Paris 1982.

Ders., *l'Arbre et les quatre oiseaux,* hrsg. v. D. Grill, Les Deux Oceans, Paris 1984.

Jung, C. G., *Antwort auf Hiob,* Walter-Verlag, Olten/Freiburg i. Br. [5]1973.

Ders., *Studien über alchemistische Vorstellungen,* Walter-Verlag, Olten/Freiburg i. Br. 1978.

Der Koran. Vollständige Ausgabe. Mit einem Vorwort von Thomas Schweer. Wilhelm Heyne Verlag, München [5]1992.

Die Lehre der Rosenkreuzer, Manuskript aus dem Jahre 1788.

Lennep, J. v., *Alchemie,* Gemeentekrediet (Veröffentlichung anläßlich der Ausstellung «Alchemie»), Brüssel 1984.

Lexikon der Symbole, hrsg. v. W. Bauer u. a., Fourier Verlag, Wiesbaden [7]1985.

MacCana, P., *Celtic mythology,* Hamlyn, London (etc.) [2]1973.

Messing, M., *Met Boeddha onder de vijgeboom,* Ankh-Hermes, Deventer 1991 (Hermesreeks 3).

Ders., «Seksualiteit en spiritualiteit», in: *Prana* 80 (Dez. 1993/Jan. 1994), S. 53–76.

Ders., *De stilte die tot ons spreekt,* Ankh-Hermes, Deventer 1981.

Ders., *Symboliek,* Van Gorcum, Assen/Amsterdam 1977.

Motoyama, H., *Chakra's en hoger bewustzijn,* Ankh-Hermes, Deventer 1986.

Piggott, S., *The druids,* Thames and Hudson, London 1968 (Ancient Peoples and Places 63).

Poncé, Ch., *Kabbalah,* Ankh-Hermes, Deventer 1976.

Quenot, M., *De icoon,* Lannoo/Axios, Tielt/Nethen 1993.

Scholem, G., *Ursprung und Anfänge der Kabbala,* Walter de Gruyter & Co, Berlin 1962 (Studia Judaica 3).

Sivananda, *Practise of brahmacharya,* hrsg. v. N. Ananthanarayanan, The Devine Life Society, Shivanandanagar [2]1988.

Der Sohar. Das heilige Buch der Kabbala. Nach dem Urtext ausgew., übertr. und hrsg. v. Ernst Müller. Auf der

Grundlage der Ausgabe Wien 1932 neu ed. 2. Auflage, Diederichs, Köln 1984.

Souzenelle, A. de, *Le symbolisme du corps humain,* Editions Dangles, St.-Jean-de-Braye 1989.

Uyldert, M., *Het zonnejaar,* De Driehoek, Amsterdam 1981.

Weinreb, F., *De bijbel als schepping,* Servire, Den Haag 1963.

Zuylen, B. J. v. d., *Mysteriën en inwijdingen in de oudheid,* W. N. Schors, Amsterdam o. J. (Nachdruck der Ausgabe von 1927).